汉语语言中的逻辑运用与语境表达

张 莹◎著

中国原子能出版社

图书在版编目（CIP）数据

汉语语言中的逻辑运用与语境表达 / 张莹著. --北京：中国原子能出版社，2024.3

ISBN 978-7-5221-3237-2

Ⅰ. ①汉…　Ⅱ. ①张…　Ⅲ. ①汉语–语言学–研究
Ⅳ. ①H1

中国国家版本馆 CIP 数据核字（2024）第 063253 号

内 容 简 介

本书是一本撰写汉语中的逻辑运用与语境表达的书籍。本书在对汉语的词类逻辑、句类逻辑、篇章逻辑、修辞逻辑进行介绍的基础上，对语境的含义、特征和分类进行梳理，进而对汉语的词类逻辑、句类逻辑、篇章逻辑以及修辞逻辑在语境中的表达与运用进行了具体分析，旨在明晰汉语语境中的逻辑关系，为汉语教学与运用提供依据。

汉语语言中的逻辑运用与语境表达

出版发行　中国原子能出版社（北京市海淀区阜成路 43 号　100048）
责任编辑　张　磊
责任印制　赵　明
印　　刷　河北宝昌佳彩印刷有限公司
经　　销　全国新华书店
开　　本　787 mm×1092 mm　1/16
印　　张　16.25
字　　数　252 千字
版　　次　2024 年 3 月第 1 版　2024 年 3 月第 1 次印刷
书　　号　ISBN 978-7-5221-3237-2　　　定　价　78.00 元

发行电话：010-88821568　　　　　　　版权所有　侵权必究

前　言

　　语言是人类思想的直接表现，也是人类最重要的交际工具，思维和语言互相依存，紧密联系。世界上既不存在脱离思维的语言，也不存在脱离语言的思维。思维和语言的这种内在联系，使得以思维形式及其规律为研究对象的逻辑学与语言研究对象的语法、修辞、写作等学科在许多内容上存在对应关系。因此，语言必须遵循逻辑的基本规律。

　　本书是一本研究汉语中的逻辑运用与语境表达的专著。本书立足于语言与逻辑之间密不可分的联系，对汉语中的逻辑运用及其在语境中的表达进行研究。

　　本书第一章，从逻辑相关定义及要点、汉语的词类逻辑、句用逻辑、篇章逻辑、修辞逻辑等多个方面对汉语中的逻辑进行概述。第二章，从语境的概念及分类、语境的价值、语境与语义三个方面对语境进行概述。第三章，从言语行为理论、关联理论、预设、图式理论四个方面对汉语中逻辑运用与语境表达的理论基础进行分析。第四章，分别从实词逻辑在语境中的表达、虚词逻辑在语境中的表达、汉语的词类逻辑在语境表达中的原则三个方面，对汉语的词类逻辑在语境中的表达进行研究。第五章，分别从句类逻辑在语境中的表达、句型逻辑在语境中的表达、汉语的句用逻辑在语境表达中的原则三个方面对汉语的句用逻辑在语境中的表达进行研究。第六章，分别从文学类语言的篇章逻辑在语境中的表达、非文学类语言的篇章逻辑在语境中的表达，以及汉语的篇章逻辑在语境表达中的原则三个方面对汉语的篇章逻辑在语境中的表达进行研究。第七章，分别从词语修辞逻辑在语境中的表达、句用修辞逻辑在语境中的表达、篇章修辞逻辑在语境中的表达三个方面对汉语的修辞逻辑在语境中的表达进行研究。

本书理论扎实，在各篇章中列举了大量语言实例，对特定语境中汉语的逻辑运用进行了论证。适用于高校汉语言研究者或逻辑学研究者，以及其他对汉语和逻辑感兴趣的读者阅读。

著者

2024 年 2 月

目　录

第一章　汉语中的逻辑概述

　　自然语言的逻辑是现代逻辑学和现代语言学结合而形成的一门边缘学科。汉语作为自然语言的一个类型，其中蕴含着一定的逻辑。本章分别从词类逻辑、句用逻辑、篇章逻辑、修辞逻辑四个方面对汉语中的逻辑进行概述。

第一节　逻辑相关定义及要点

　　人类具有逻辑意识，逻辑意识是人类在繁衍过程中自然生出的意识功能，在遗传过程中成为人类生理和心理中的一种智性沉淀物，在人类和经验事物的互动中得以扩展和延伸，在人类文明发展过程中加以巩固发展和保存下来，是人类区别于动物的基本标志之一。本节主要对逻辑的相关概念和要点进行研究。

一、逻辑相关定义

　　逻辑一词，由英文"logic"音译而来，原指思想、言辞、理性、规律性等，具体则是指对思想或判断，或者思想形式或判断形式的最一般特征的研究。

　　逻辑学是哲学的一个分支，是研究思维及思维规律的学科。逻辑学的研究对象是思维的形式及其规律。

　　思维是一种心理现象，是心理这种能动反映的高级形式。具体来说，思维是人脑反映事物的一般特性和事物之间有规律的联系，以及通过已有知识为中介，进行判断、推理、联想、想象，解决问题或进行创造的过程。思维的基本形式是概念、判断和推理。这些概念将在下文进行详细解释，这里不再赘述。

　　逻辑思维是人们在认识过程中借助概念、判断和推理等思维形式能动地反映客观现实的理性认识过程。逻辑思维是一种具有条理和根据的思维，具有确定性，前后一致性的特点。逻辑思维需要使用概念、判断和推理等思维形式和比较、分析、综合、抽象、概括等思维方法进行逻辑分析。

二、思维的基本形式

　　思维的基本形式包括概念、判断和推理。

（一）概念

　　概念是通过对认识对象特有属性的反映以指称对象的思维形式，概念的表现形式主要为语言中的语词和词组。概念是思维中的最小单位，是构成判断，进行推理的基础。人们要进行正确的判断和推理，先要保证概念的正确，也只有在概念正确的基础上才能保证思维的正确性。

　　概念必须借助语词或词组来的表达，然而并非所有的语词和词组都可以表达概念，一般而言，实词均可以表达概念，虚词中的联结词可以表达概念，其他虚词则不能表达概念。同一个语词可以表达多个不同概念，需要结合具体的语境确定概念，避免产生歧义；此外，多个语词也可以表达同一概念，在使用时，应当结合语境确语词使用规范。

概念是以反映对象特有的属性来指称对象的，具有一定的内涵和外延，概念的内涵和外延相互联系、相互制约。概念的内涵确定之后，会对概念的外延产生制约。概念的外延确定后，也会制约概念的内涵。

根据不同的标准，可以把概念分为不同的种类。根据概念的指称对象不同，可以把概念划分为单独概念和普遍概念；根据概念所指称的对象是否为集合体，可以把概念划分为集合概念和非集合概念；根据概念所反映对象是否具有某一属性，可以把概念划分为肯定概念和否定概念；根据概念所反映对象的存在形式，可以把概念划分为实体概念和属性概念。

（二）判断

判断，又称为命题，是对认识对象的情况有所断定的思维形式，判断是由概念联结而成，判断的表现形式主要为语言中的句子。判断是构成推理的基础。判断与语句之间存在相辅相成的关系，其中判断是语句所表达的思想内容，而语句是判断的物质外壳和语言表达形式。判断需要借助语句进行表达，然而并非任何语句都可以表达判断，一般而言，只有陈述句能够直接表达判断，其他语句中的疑问句、感叹句、祈使句均不能直接表达判断，只有少数句子在特定语境下可以间接表达判断。不同的语句可以表达同一个判断，而同一个语句可以不同语境中表达不同的判断，对于这种语句，应当结合特定的语境明确其判断，以避免产生歧义。

1. 判断的特征

判断具有两个特征，其一，判断对事物的情况进行明确断定，不存在模棱两可的判断；其二，判断一定有真假。

2. 判断的分类

判断根据不同的划分标准，可以划分为多种类型。根据判断是否包含模态词，可以将判断划分为模态判断和非模态判断。而模态判断又可以细分为真值模态判断和规范模态判断；非模态判断又可以细分为简单判断和复合判断两种类型。

（三）推理

推理是根据一个或多个判断而得出另一个判断的思维形式，推理是判断与判断之间的联结和过渡。推理作为一种思维活动的过程，从形式上来看，其形成总是表现为一定的判断的联结；从内容上来看，判断的进行涉及多个因素，包括知识背景、智力能力、个性倾向、心理因素等。正确运用推理是保持思维正确的基本前提。

1. 推理的特征

推理是根据一个或多个判断得出另一个判断的过程，从推理的形式上来看，常使用连接词语"因为……所以……""……因此……"等将判断句与判断句联结起来，从而得出新的判断句。

例如：因为小明感冒了，所以小明今天没有来上班。

这个例句中的两个判断句之间，以"因为……所以……"作为联结词，从而得出："小明生病了""今天没有上班"这两个结论。

2. 推理的分类

推理可以按照不同标准划分为不同类型。按照思维的进程和推理结论的必然性，可以将推理划分为演绎推理、归纳推理和类比推理，这也是常见的推理类型，这三个推理均可以细分（见表1-1）。

表 1-1 推理的类型

推理类型	细分类型	具体分类
演绎推理	性质判断推理	直接推理
		三段论
	复合判断推理	联言推理
		选言推理
		假言推理
		二难推理
归纳推理	完全归纳推理	—
	不完全归纳推理	简单枚举归纳推理
		科学归纳推理
类比推理	—	—

三、逻辑思维的基本规律

逻辑学是研究思维的形式结构及其规律的科学，无论是什么样的思维形式必须遵守各自的规则，这些规则各不相同，然而具有共同的内容，即正确思维的基本要求，即具有确定性、不矛盾性、明确性和论证性。这些共同构成了逻辑思维的基本的规律。只有遵守逻辑思维的基本规律，才能保证思维的正确性。

（一）同一律

同一律是指任何思想如果反映某一思维对象，就反映这一对象。即，在同一思维（同样的对象、时间、关系）过程中，思想必须与自身保持同一，要求思维必须具有确定性。

同一律的公式为：

$$A = A（或 A \rightarrow A）$$

人的思想是通过概念、判断等思维形式来表达的。对于概念，同一律要求一个概念如果反映某类事物，就必须反映这类事物，即概念的内涵和外延必须确定，并在同一思维过程中须保持一致。

针对判断，同一律要求如果一个判断断定了某种上事物情况，就必须断定这种事物情况，真即是真，假即是假，中途不可更改。

在现实生活中，违反同一律导致逻辑错误的表现主要包括偷换概念和转移论题两种类型。

1. 偷换概念

偷换概念是指在同一思维过程中，将两个完全不同的概念当作同一个概念使用，并且使用其中的一个概念替代另一个概念。

下面这个例子即属于偷换概念：

鲁迅的作品不是一天就能读完的；

收录在语文课文的《故乡》是鲁迅的作品；

所以，《故乡》不是一天就能读完的。

这个例子中的前两句话中均存在"鲁迅的作品"这一概念，然而，第一句话中"鲁迅的作品"属于集合概念；第二句话中"鲁迅的作品"属于非集合概念。这两个概念所指的内涵和外延不同，所以属于两个不同的概念。然而上例中的结论，将两个不同的概念混为一谈，并且使用"鲁迅的作品"这一非集合概念，替换"鲁迅的作品"这一集合概念得出的结论，违反了同一律，属于偷换概念。

一般而言，偷换概念常常发生在同一个语词表达不同概念的情况下，所以，在言语行为活动中，人们应当结合具体语境，明确语词的确定意思，避免因为曲解语词原意而出现偷换概念的错误。

2. 转移论题

转移论题是指在论证的过程中，用证明另一判断来代替需要证明的判断，即说话者实际回答的内容，与听话者需要说话者回答的内容并不一致。

下面这个例子即属于转移论题。

老师：小明，你为什么没有完成昨天的作业？

小明：我妈妈昨天晚上去跳舞了。

这个例子中老师询问小明"没有完成昨天作业"的原因，而小明却没有回答这一问题，答非所问，转移论题，向老师讲述了妈妈昨天晚上的行动。

转移论题是由于言语行为活动中，论证者对论题的判断不同保持与自身判断的同一性，从而导致出现"转移论题"的错误，导致"答非所问"。在现实生活中，人们为了回避某个问题，会故意转移论题，答非所问。

（二）矛盾律

矛盾律的基本内容是，在同一思维过程中，相互排斥、相互否定的两种思想不能同时是真的，即任何思想不能既反映某一认识内容，又不反映这一内容。

同一律的公式为：

$$\neg\,(A \wedge \neg A)$$

A 与 ¬ A 是两种相互否定、相互排斥的思想，这两种思想不可能同时是真的，也不可能同时是假的，只能一种思想为真，一种思想为假。如果同一思想中，既包含 A，又包含 ¬ A，那么这一思想必然是假的。

从概念视角来看，矛盾律要求一个概念不能既反映某一事物，又不反映某一事物。

从判断的视角看，矛盾律要求一个判断不能既判定某一事物的情况，同时又判定与这一事物相反的情况。

例如，动物是有感觉的生物，动物是没有感觉的生物。

这句话的前半句肯定了动物具有感觉的特点，后半句又否定了动物具有感觉的特点。这句话就违反了逻辑思维的矛盾律。

违反逻辑思维矛盾律的常见错误是思想的自相矛盾，通常表现为"不能自圆其说"。

例如，禁止触摸高压线！一触即死！违者必定严惩！

这一例句中的"一触即死"说明了触摸高压线的后果是触摸高压线者需要付出生命的代价。而"违者必定严惩"则表明触摸高压线的后果，是受到严惩，从侧面表明触摸高压线者不需要付出生命的代价。因此，这一例句中出现了触摸高压线者的两种完全相反的结论违反了逻辑思维的矛盾律。

在言语行为活动中，为了避免违反逻辑思维的矛盾律，人们应当注意保持思想的一致性，避免出现前后矛盾的情况。

（三）排中律

排中律是指在同一思维过程中，任何思想和对这种思想的否定不能同时都是假的，二者必然有一真。即，在同一思维过程中，任何思想要么为真，要么为假，不存在中间选择。

排中律的公式为：

$$A \lor \neg A$$

这一公式中的"A"表示任何思想，"$\neg A$"表示这一思想的否定，这两种思想至少有一个是真的，两种思想不可能同时是假的。

在现实生活中，违反逻辑思维排中律的常见错误是对问题不作出明确的回答，观点模糊，模棱两可。具体表现在两个方面。

1. 针对某一问题，说话人表达的观点不明确，似是而非，令人费解

例如：关于公司今年是否能盈利，我最近听到了很多意见，有的人认为根据我们产品的市场竞争力表现，今年可以实现盈利，有的人则认

为我们的产品缺乏市场竞争力，今年无法实现盈利。我认为这两种意见都不对。

这个例子中，"我"对两种存在矛盾的意见，均予以否定，这使得其观点表达不明确，令人费解。

2. 针对某一问题，说话人既不否定，也不肯定，令人无所适从

例如：教师甲：听说小明会是你们班的新班长吗？

教师乙：小明竞选班长几乎没有对手，无论是日常表现还是学习成绩都十分出色，在竞选中得票率最高。

教师甲：这么说小明就是你们班新出炉的班长了？

教师乙：也不能这么说，小明是不是新班长还不一定。

这一例子中，教师乙针对小明是否是新班长这一问题，既不否定，也不肯定，令人无所适从，不知道其真实的观点。

逻辑思维的排中律要求我们对问题作出确定的回答，而要明确回答问题，就必须对问题进行分析，掌握问题的具体内容。只有对问题进行了具体分析之后，才能够对问题作出肯定或否定的回答。

在言语行为活动中，掌握逻辑思维的排中律应当注意以下几个方面。

（1）排中律只适用于两个相互矛盾的思想，而不适用于反对关系的思想。

例如，木匠的后代肯定是木匠。木匠的后代肯定不是木匠。

这两个判断看似相互矛盾，其实均具有片面性，所表达的思想都是假的，所以，对这两个判断句都予以否定也不会违反排中律。

又如，小明今天来上班了。小明今天没有来上班。

这两个句子的对象是"小明今天是否上班了"，这是两个相互矛盾的思想，回答者必须回答"上班了"或者"没有上班"，不能既上班了，又没有上班。

（2）具有矛盾关系的两个判断，如果所反映的对象事实上并不存在，

那么这两个判断形式没有实际意义，不需要肯定其中任何一个判断。

例如，神仙有情感。神仙没有情感。

这两个句子中所讨论的"神仙"在真实的社会中并不存在，而是人们想象出来的事物，因此，对这两个判断句都予以否定也不会违反排中律。

（3）对复杂问句，不作出明确的回答，并不违反排中律。

（四）同一律、矛盾律和排中律的关系

同一律、矛盾律和排中律均属于逻辑思维规律，三者的具体内容和要求不同，然而均是为了保证思维的确定性而必须遵循的逻辑思维规律。其中，同一律是直接要求思想必须确定；矛盾律是从反面要求确定的思想不能包含矛盾，如果出现了矛盾，必须肯定一个，否定另一个；排中律进一步要求具有确定性的思想必须对对象有所断定，如果同一思维过程中出现了两种具有矛盾关系的思想，那么这两种思想不能同时都是假的，必须肯定其中一个。从这一视角来看，同一律、矛盾律和排中律均是从不同侧面排除思维的逻辑矛盾，保证思维的确定性。

第二节　汉语的词类逻辑

词语是语言的最小意义单位，汉语由一个个词语构成。词语也是汉语言的最小意义构成单位。本节主要对汉语言的词类逻辑进行阐释。在对汉语言的词类逻辑进行详细分析之前，首先应当明确语言逻辑的相关概念。

一、语言逻辑的相关概念及特征

语言逻辑主要研究自然语言领域的"什么是语言"的问题。汉语言

属于自然语言范畴，这里对语言、逻辑，以及语言逻辑的相关概念进行阐释。

（一）语言的概念及特征

语言是一种社会现象，古今中外的语言学家从不同视角对"语言"的概念进行了阐释。

表 1-2 部分具有代表性的语言逻辑概念一览表

序号	学者	概念
1	洪堡特 （Wilhelm·von Humboldt）	语言是形成思想的工具，完全精神的、深入内部的和无踪影地进行着的理智的活动，借助语言实现物质化，成为可以使人感知的东西①
2	莱歇尔 （A.Schleicher）	语言是通过声音表达出来的思想②
3	索绪尔 （F·de Saussure）	语言是一种表达观念的符号系统，因此，可以比之于文学，聋哑人的字母、象征仪式、礼节形式、军用信号等等。它只是这些系统中最重要的③
4	龙菲尔德 （L.Bloomfield）	语言可以在一个人受到刺激（S）时让另一个人去作出反应（R）④
5	萨丕尔 （E.Sapir）	语言是纯粹人为的，非本能的，凭借自觉地制造出来的符号系统来传达观念、情绪和欲望的方法。这些符号首先是听觉的符号，是由所谓"说话器官"产生的⑤
6	赵元任	语言是人跟人互通信息、用发音器官发出来的、成系统的行为的方式⑥

---

① 洪堡特. 论人类语言结构的差异及其对人类精神的影响［M］. 转引自：兹维金采夫. 十九至二十世纪语言学史文选（俄文版）［M］. 莫斯科出版社，1956：78.

② 施莱谢尔. 德意志语言［M］. 转引自：兹维金采夫. 十九至二十世纪语言学史文选（俄文版）［M］. 莫斯科出版社，1956：98.

③ 索绪尔. 普通语言学教程中文版［M］. 商务印书馆，1982：37-38.

④ 布龙菲尔德. 语言论中文版［M］. 商务印书馆，1980：26.

⑤ 萨丕尔. 语言论中文版［M］. 商务印书馆，1997：7.

⑥ 赵元任. 语言问题［M］. 商务印书馆，1980：3-5.

表 1-2 中，国内外语言学家在不同历史时期，从不同视角对"语言"进行的定义，从不同方面和不同程度上揭示了语言的特殊本质。马克思从哲学视角对语言进行了研究，指出：语言是思想的直接现实……语言和意识具有同样长久的历史，语言是一种实践的、既为别人存在并仅仅因此也为我自己存在的、现实的意识。语言也和意识一样，只是由于需要，由于和他人交往的迫切需要才产生的。[①]这一概念从语言的交际工具这一视角对语言进行了定义，抓住了语言的核心本质。

了解了语言的概念之后，还应当明确语言的特征。

1. 语言具有符号性

语言是一种符号系统，是以一定的语音组合去标示某一事物或思想，这种语音的组合形式就成为该事物或思想的符号。语言符号具有线性特点、稳定性和系统性特点，此外，语言作为一种符号，语音与语义的结合具有任意性的特点。

2. 语言具有指谓性

语言具有较强的指谓性，这里的指谓性是指每一个语言单位，都要指称或谓述一定的对象，这里的对象既可以指客观的对象，也可以指人的主观意识的东西。语言的指谓性表明了语言符号具有独特的意义。

3. 语言具有交际性

语言作为一种社会现象，随着人类社会的行成而产生。人类在社会群体中生活时，既需要向他人传递信息，也需要从他人处获得信息，而语言是传递信息最为简便、精准以及迅速的方式。其交际功能还决定语言具有普遍性。

---

① 马克思，恩格斯. 马克思恩格斯全集 第 1 卷 1833—1843 年 3 月 [M]. 2 版. 中共中央马克思恩格斯列宁斯大林著作编译局，译. 北京：人民出版社，1995：35.

语言的符号性、指谓性和交际性是语言与其他社会现象与自然现象的主要区别。这些特点的明确界定、明确了有助于更好地探索语言逻辑的问题。

（二）语言逻辑

语言是由词汇系统与语法系统组成的，是一种民族语言的总和。语言逻辑的直接研究对象是语言本身，是研究语言现象的逻辑问题和逻辑现象的语言问题的边缘社会科学。

语言逻辑所研究的内容，主要包括基础语言逻辑，即语言逻辑的相关概念、判断、推理的语言表达形式——词项、命题、推论的各种言语形态；分析语言逻辑，即言语语形、语义和语用的语言分析与逻辑分析；言语语言逻辑，即语音、语汇、语法等语言要素中所存在的逻辑；表达语言逻辑。

值得注意的是，语言与言语，两个词语，顺序进行了颠倒，两者的意思却存在着根本区别。语言是人们按照语法规则来运用和理解某种意义的符号（文字、标记、声音、姿势）用以表达和交流思想感情的大脑功能。言语是语言的表达功能，是思维的对外表达，系通过言语的感觉—运动器官来听、说、读、写，并借助大脑皮质的功能进行识记、存储、再现或回忆。

语言逻辑的研究对象包括语言与思维、语义的逻辑、语境的逻辑、修辞的逻辑等多个方面。

1. 语言与思维

语言与思维之间存在着密不可分的关系。语言是思想的直接现实，而思维是在语言材料的基础上进行的，语言是思维所必不可缺的媒介，而思维则是语言的物质外壳。缺少思想内容的语言，只是一堆无意义的自然声，不是真正的语言。

语言所反映的思维，既包括形象思维，也包括抽象思维和灵感思维。语言逻辑必须从自然语言的实际出发，从思维科学的角度研究语言形式，以及思维与语言的关系，具体来说，即研究概念与语词、判断与语句、推理与句群的关系，以及思维活动的特点及其基本规律等。

2. 语义逻辑

语义是传递信息的媒介，作为一种信息系统而存在。信息是词或语句表现的语义的一个单体，在社会交际活动中起着极其重要的作用。语言逻辑不能仅仅研究思维的开式或语言的结构，还应当研究语言的意义。研究语言的意义主要可通过研究语词定义、语词同义、近义和反义的区别以及词与词组和句子等包含的意义的区别，以及修辞中所表现的隐含意义；此外，语义结构也是语义逻辑研究的主要对象。

3. 语境的逻辑

语境是使用语言表达思想感悟的特定语言环境，语境的构成要素是话语或文句的上下文，以及使用语言的时间、地点、条件、目的和对象等。研究语言逻辑必须研究语境，才能从逻辑、语法、修辞三者之间的内在联系中掌握语言深层的语义结构向表层语形结构的转换，从而掌握语言的最佳交际表达效果的逻辑规律。

4. 修辞的逻辑

修辞的逻辑是语言逻辑的重要组成部分，修辞具有辞里和辞表的不一致性，这种不一致性即构成一定的修辞效果。语言逻辑即要研究修辞的思维的结构形式。

综上所述，以上四个方面共同构成了语言逻辑的体系。本书所指的语言逻辑侧重于语言的语用逻辑，侧重于汉语言的使用逻辑。语言是思维的外在体现方式，语言在使用过程中始终与逻辑思维、逻辑推理联系在一起。本书所研究的汉语逻辑具体又可划分为词类逻辑、句用逻辑、篇章逻辑和修辞逻辑等类型。本节对汉语言的词类逻辑进行详细阐释。

二、汉字的逻辑功能

汉语由一个个的字词构成，汉语的字词逻辑是汉语逻辑的重要组成部分。

汉字是一种表意文字符号，具有形象直观的特点，其以象形为基础，在象物、象事、象意标示的构型中具有较强的象征性，这种象征经人为约定即使其具备逻辑思维的功能，能够直接或间接地激发人们通过视、听和想象进行字义推断，从汉字符号的构型中推断先民造字时的逻辑思维。

汉字符号根据形体构造的特点，可以划分为独体字与合体字两种类型。其中，独体字是一个独立完整的图形符号；合体字则是由两个可以拆开的图形组合而成的符号。无论是独体字还是合体字均为形、音、义构成的统一体，且具有明确的含义。

从汉字的造字方法来看，包括象形、会意、指事、形声、转注和假借，汉字的字形以记录的词的意义作为依据，字形是理解字义的重要因素。尤其是象形字以图形表达概念，其内涵即是象形图形所代表的意义。人们根据象形字的构字法借助逻辑思维活动即可判断和推理象形字的字义。又如，会意字通常具有较强的生活气息，其所反映的概念，既有表示时间、季节、方向、位置的概念，也有表示事物的颜色、形状、特征、数量的概念，还有表示人的视觉、触觉、感觉、味觉等的概念，通过这些概念理解会意字，需要更加复杂的逻辑思维活动。除了象形字与会意字之外，指事字、形声字、转注和假借字的字义理解均离不开逻辑思维。

三、汉语词语的逻辑

词语是语言的重要构成部分，也是语言中的最小意义单位。关于词语的概念，国内语言学家从不同视角给出不同阐释（见表 1-3）。

表 1-3　词语概念一览表

序号	学者	概念
1	黎锦熙	词就是说话的时候表示思想中一个观念的语词
2	王力	（词是）"语言的最小意义单位"
3	刘泽先	词儿的定义似乎应该是：拼音文字里经常连写在一起的一组字母
4	吕叔湘	词的定义很难下，一般说它是最小的自由活动的语言片段，这仍然不十分明确，因为什么算是自由活动还有待于说明
5	张寿康	语言中的词既是词汇学研究的对象，又是语法学研究的对象，同时语音又是词的物质外壳
6	武占坤、王勤	词是称谓上和造句上独立运用的最小单位
7	符淮青	我们把词看作是语言中有意义的能单说或用来造句的最小单位，它一般具有固定的语音形式
8	刘叔新	最小的完整定型的语言建筑材料单位
9	葛本仪	词是语言中一种音义结合的定型结构，是最小的可以独立运用的造句单位

上表中词语的概念仁者见仁，智者见智。尽管词语的概念，学术界并没有统一的说法，然而可以总结出词语的几个特点，即最小的、形式相对固定的，语音形式和能独立运用的语言单位。

汉语词语的构词中隐含着一定的逻辑（表 1-4）。

表 1-4　汉语词语构词法中隐含的逻辑一览表

序号	类型	定义	逻辑特点
1	句法构词	以汉语中的语素作为基本单位，按照一定的规律构造词汇	句法构词通常仿照并列式、偏正式、主谓式、补充式、动宾式等逻辑构造而成

续表

序号	类型	定义	逻辑特点
2	形态构词	将词语中存在的部分语素通过替换的方式，换成新的语素，从而构成了具有新的意义的新词	形态构词通常以语素替换逻辑构造而成
3	语音构词	从语音入手，主要为象声造词，即模仿自然物的声音、模仿人造物的声音，以及模拟外语的声音的音译词、双声词、叠韵词等	语音构词通常以语音逻辑构造而成
4	语义构词	通过语素的基本含义、结合词语的引申义进行构词	语义构词以语义逻辑构造而成

汉语的词语具有较强的逻辑功能。汉语词语根据有无实在意义可以划分为实词和虚词两种类型。

（一）实词的逻辑

汉语实词是指有实在意义的语词，包括名词、动词、形容词、副词、数词和量词、代词等（表1-5）。

表1-5　汉语实词逻辑一览表

序号	类别	特点
1	名词	表示人或事物等名称的语词，名词的构词逻辑推理具体包括：顾名思义式推理、矛盾式或对立式推理、寓意推理、词序推理、义素推理、同指互换推理、上下位推理
2	动词	表示运作行为、发展变化、心理活动等意义的语词，动词的构词逻辑推理具体包括：语义蕴涵推理、"关系"动词推理、"是"动词推理、助动词推理、矛盾式或对立式推理、色彩义推理
3	形容词	表示性质或状态特征的语词，具体包括性质形容词和状态形容词，形容词的构词逻辑推理具体包括：矛盾式或对立式推理、程度推理、数量推理、色彩义推理
4	副词	表示时间、程度或范围的语词，其构词逻辑推理具体包括：程度推理、时范畴推理、语义蕴涵推理、模态词推理
5	数量词	数词表示数目、次序的语词，具体包括基数词和序数词；量词表示人、事物及行为单位的语词；数量词的构词逻辑推理包括：概数推理、量词推理、序推理、色彩义推理、转义推理
6	代词	语词中那些具有代替、指示作用的语词，其构词逻辑推理包括：泛指推理、"性"范畴推理、"数"范畴推理

除了上表中的汉语实词之外，汉语中还存在大量的成语。成语属于实词，汉语成语来源于历史故事、寓言故事、神话传说、古典文学作品。

表 1-6　成语的特点

序号	类型	特点
1	结构固定性	成语的结构形式和构成成分均为固定不可更改的，例如，"心想事成"不能改成"事成心想"
2	意义整体性	成语的意义是由组成该成语的语素或词的本义引申出来的，例如，"桃园结义"起源于历史故事，然而其意义却不止于此，而是上升为友谊的象征
3	语法功能的多样性	成语在汉语语法中相当于一个短语，可以充当句子的任何成分
4	风格典雅型	成语通常来源于古代典籍或神话、历史故事，因此具有典雅和庄重的风格

成语有固定的结构形式和固定的说法，表示一定的意义，在语句中是作为一个整体来应用的，承担主语、宾语、定语等成分。从语法视角来看，成语可以划分为动词性成语、名词性成语、形容词性成语、副词性成语，在句子中使用时，可以承担一定的句子成分。

（二）虚词的逻辑

虚词是指没有实在意义的语词，虚词具体包含介词、连词、助词、语气词、感叹词（见表 1-7）。

表 1-7　汉语虚词逻辑一览表

序号	类型	特点
1	介词	常用于名词、代词或名词性词组前，表示时间、处所、范围、原因、目的等语义的语词，介词在语句中的逻辑推理主要包括：时间推理、处所推理、范围推理、原因推理、目的推理、方式推理等
2	连词	在汉语语句中起连接作用的语词，根据连词在语句中的作用进行逻辑推理，具体逻辑推理类型包括并列逻辑推理、递进逻辑推理、选择逻辑推理、因果逻辑推理
3	助词	在汉语语句中起辅助作用的语词，具体又可划分为结构助词、动态助词、比况助词等，例如，的、地、得、着、了、过、似的，汉语语句中的助词逻辑推理主要包括结构助词推理、动态助词推理、比况助词推理

续表

序号	类型	特点
4	语气词	表示语气的虚词,常用在句中或句尾的停顿处,表示不同的语气,常见的语气词可划分为表达祈使语气的词语、表达疑问语气的词语、表达感叹语气的词语,具体包括的、了、呢、吧、吗、啊等,汉语语句中的语气词逻辑推理主要包括祈使逻辑推理、疑问逻辑推理、感叹逻辑推理
5	感叹词	用于表达各种感情的词,一般用于句首,感叹词具有较强的语境依赖性,通过语境可对感叹词所表达的意义进行逻辑推理

第三节　汉语的句用逻辑

汉语的句子由一个个词语或短语组合而成,具有特定的语调,能够表达一个完整的意思的语言单位。语句具有表述功能,本节主要对汉语的句用逻辑进行详细分析。

一、汉句的类型及功能

汉语的句子,这里特指现代汉语的句子,从不同视角进行分类,可以划分为多种不同类型。

(一)汉句的类型

现代汉语句子根据结构的繁简进行划分,可以划分为长句和短句;根据句子判断的性质进行划分,可以划分为肯定句和否定句;根据主语的性质进行划分,可以划分为主动句和被动句;根据句子成分或成分句的位置进行划分,可以划分为常式句、变式句、"把"字句"被"字句;根据句子的句式整齐程度地行划分,可以划分为整句和散句;根据句子数量进行划分,可以划分为单句、复句;根据表达的语气进行划分,可以划分为陈述句、疑问句、祈使句、感叹句等（见表1-8）。

表1-8 汉句的类型划分

依据	类型	定义	句子转换特点
根据句子长短划分	长句	指结构复杂、词语较多的句子	长句和短句根据一定的规则可以互相转换；长句改短句，可以通过将长句中的修辞语单成句，而句子主干则另成一句；或将句子中的联合成分拆开，变长句为排比式的短句；短句改长句可通过加入修辞成分，将排比式短句中的排比部分罗列等方式组成长句。无论是长句改短句还是短句改长句均需注意不能漏掉句子的成分，不能曲解句子所表达的意思
	短句	指结构简单、词语较少的句子	
根据句子判断划分	肯定句	对事物作出肯定判断的句子	肯定句和否定句之间也可以进行相互转换，二者相互转换的原则是不能改变原意，转换的要点是否定词的运用：保持原意则加两个否定词；变成相反的意思则加一个否定词
	否定句	对事物作出否定判断的句子	
根据主语的性质划分	主动句	主语是谓语所表示的动作行为的发出者的句子	主动句和被动句之间可以进行相互转换，二者相互转换的要点是主语和宾语的转换：主动句变被动句时，将主动句的宾语变为被动句的主语，主动句原来的主语与"被"构成介宾短语作被动句的状语；被动句变主动句则恰好相反
	被动句	主语是谓语所表示的动作行为的承受者的句子	
根据句子中成分的位置划分	常式句	句子成分按一般次序排成的句子	常式句与变式句可以相互转换，二者相互转换时需要找准强调的内容并将其推前或置后
	变式句	句子成分打破一般次序，排列次序较特殊的句子	变式句包括两种类型，一种类型是将单句中的句子成分的正常次序打乱，按照一定次序排列的特殊句子，可划分为主谓倒装句、定语后置句、状语后置句、宾语前置句等类型；另一种类型是将复句中的分句次序进行重新排列的句子，具体包括因果倒置句、转折倒置句、条件倒置句、假设倒置句等
根据句子的句式整齐程度	整句	结构相同或相似的一组句子，主要指排比句和对偶句	整句和散句之间可以相互转换，转换的要点主要是重复性词语的使用与否的问题，整句改散句就将整句中重复使用的提示词去掉，使相关内容变成细小成分；散句改整句则要加上重复使用的词，使之和相关内容构成整齐句式
	散句	结构不整齐、各式各样的句子交错运用的一组句子	
根据句子的数量划分	单句	只有一套主谓成分构成的句子	单句和复句可以相互转换，转换的注意要点与长句和短句之间的转换
	复句	两个或两个以上意义密切联系、结构互不包含的单句组成的句子	

依据	类型	定义	句子转换特点
根据句子的语气划分	陈述句	用来陈述一件事情的句子,具体可以划分为肯定句和否定句两种类型	陈述句、疑问句、祈使句和感叹句四种句子可以相互转换,转换时需要根据具体的语境进行调整
	疑问句	用来向别人提出问题的句子,具体可以划分为有疑问句和无疑问句两种类型	
	祈使句	用来要求别人做什么或不做什么的句子,具体可以划分为要求和禁止两种类型	
	感叹句	用来表示某种感情的句子	

除了以上几种类型之外,根据句子的结构标志进行划分,句子可以划分为"把"字句、"被"字句、"得"字句、"对"字句、"比"字句等句型;根据句子在话语中的功能不同,句子可以划分为始发句、后续句、终止句等类型。

(二)汉句的功能

句子在汉语表达中起着极其重要的作用,无论有哪一种类型的句子,均具有表意功能、交际功能、组篇功能。

1. 汉句的表意功能

汉句具有表意功能,汉句的表意功能主要表现在句子的思想感情、句子的思维规律、句子认知方式规律等方面。

(1)句子的思想感情

语言是思维的外在体现,是思想的载体。而句子是表现思想感情的重要途径。例如,感叹句,能够表达说话者惊异、喜悦、气愤等情绪。除了感叹句之外,陈述句、疑问句、祈使句等也可以表现出丰富的思想感情。同一些词语,用不同句子形式表现出来,可以表达不同的思想感情。

（2）句子的思维规律

句子具有表现思维规律和认知规律的功能，句子具有表现命题和判断的功能，通常一个句子可以表现一个命题或判断。例如，肯定句，能够表现肯定的命题和肯定判断；而否定句，则可以表现否定命题和否定判断。句子还可以表现思维的推理，例如，表现因果关系的复句，即能够表现思维的因果推理。由此可见，句子能够表现思维的规律，借助思维规律的表现表达不同的思想感情。

（3）句子认知方式规律

句子可以通过表现认知中的"图形–背景"，来体现说话者的认知结构；借助句子中词语的排列顺序，以及修辞表达等表现说话者的认知思维。由此可见，句子具有表现说话者认知方式规律的功能，而借助说话者的认知方式规律，句子可以表达多样化的思想感情。

2. 汉句的交际功能

汉句具有一定的交际功能。汉句由词语构成，交际者在进行交际活动的过程中，为了更好地表达自己的真实思想，必须将汉语词语按照约定俗成的语法和逻辑表达出来，而句子是由汉语词语按照一定的语法构成的。汉句的交际功能主要表现在汉句的语用目的功能，以及汉句的信息处理功能两个方面。

（1）汉句的语用目的功能

汉句的语言表达具有一定有语用目的。例如，询问功能、陈述功、疑问功能、要求功能、情感抒发功能等。一般来说，句子的语用目的多通过句子的语气反映出来，句子的语气可划分为陈述句、疑问句、祈使句、感叹句、响应句等。

例如，当需要表达肯定或否定的目的时，一般多使用陈述句；当表达疑问的目的时，多使用疑问句。而当表达命令的目的时，一般使用祈使句。由此可见，不同的句子类型可以表达不同的目的，而这些目的，通常是由特定的语境要求的，是为了适应交际者的语用目的。

（2）汉句的信息处理功能

语言是信息传递的重要工具，句子在语言中承载着重要的信息处理功能。从认知视角来看，交际者在处理信息时，会使用句子对信息进行处理。例如，使用感叹句和陈述句进行信息储存，使用疑问句和祈使句进行信息储存和反馈，向交际对象传达一定的信息。

3. 汉句的组篇功能

汉句具有组句成篇的功能，汉句不仅能够表情达意，还能够组成句群和篇章，表达更加丰富的意义。

二、汉语句子逻辑

从语言学的角度看，句子的逻辑意义是由句子中实词本身的意义和相互间的语义关系构成的，不涉及词语在句子中的语法性质。

本书所指的汉语的句子逻辑特指汉语句子的语用逻辑，句子的逻辑是研究句子推理的，以汉语句子为前提进行的推理即是句子逻辑推理。汉语句子的逻辑主要指汉语句子上下文之间的逻辑语义关系，主要包括五种关系，即，解释关系、转折关系、递进关系、并列关系、顺承关系（见表1-9）。

表1-9 汉语句子逻辑关系一览表

序号	逻辑关系	内涵
1	解释关系	汉语句子中的某些词语等语言单位是对前句或后句的解释说明
2	转折关系	汉语句子中的某些词语等语言单位具有转折意义，表达与上句相反的意义，或是对上句的意思进行修改或补充
3	递进关系	汉语句子中的某些词语等语言单位与上下句之间存在语义上的联系，下句和上句之间的语义形成递进的逻辑关系

续表

序号	逻辑关系	内涵
4	并列关系	汉语句子中的某些词语等语言单位与上下句之间存在语义上的联系，下句和上句的句子结构相同或相近，句子成分地位基本相同，两者之间的语义形成并列的逻辑关系
5	顺承关系	汉语句子中的某些词语等语言单位与上下句之间的关系，呈现出前后相承的关系，或者描绘连续动作的词语之间存在不可颠倒的前后语序关系

第四节　汉语的篇章逻辑

篇章逻辑是汉语言逻辑的重要构成部分，逻辑学是思维的科学，篇章逻辑以逻辑思维作为基础，本节主要对汉语言的篇章逻辑进行详细研究。

一、篇章概念

（一）篇章的概念

篇章是一些意义相关的句子，通过各种衔接手段，遵循一定的逻辑而实现的有机结合体。篇章指篇幅与章节，还有作品或诗篇的意思。本书所指的篇章，指汉语言交际或书面语的篇幅与章节。篇章通常围绕一定的话题展开，篇章中的句子或语段之间存在语义上的联系或形式上衔接。

（二）篇章的逻辑结构

篇章的结构模式大体可以划分为三种，即链式结构、并列结构和分层结构。

1. 链式结构

篇章的链式结构是指前一句的述位或述位的一部分作为后一句的主位，从而使得上下句的首尾保持连接，环环相扣。篇章的链式结构需要遵循一定的逻辑，符合语言信息从已知到未知的信息推进逻辑，同时也符合人们的认知规律。如果使用公式表示，篇章的链式结构可以表现为：

$$T_1 \rightarrow R_1$$
$$\downarrow$$
$$T_2\,(=R_1) \rightarrow R_2$$
$$\downarrow$$
$$T_3\,(=R_2) \rightarrow R_3$$

2. 并列结构

篇章的并列结构既可以叙述几个完全不同的事物，也可以叙述一个事物的几个不同方面。篇章的并列结构，具体又可以划分为以下几种形式。

（1）篇章的并列结构中不同的主位由不同的述位说明。

这一类型的篇章并列结构大多围绕一个共同的话题进行叙述。

其结构用公式可以表示为：

$$T_1 \rightarrow R_1，\ T_2 \rightarrow R_2，\ T_3 \rightarrow R_3 \cdots\cdots T_n \rightarrow R_n\ (n > 1)$$

例如，白雪在树上、路边、田野中簌簌落下，寒鸦在冷风中蜷缩成一团，河面上结了一层厚厚的冰层。

整个句子围绕着"冬天"这一话题进行叙述，对冬天里不同的事物进行了描绘。

（2）篇章的并列结构中相同的主位由不同的述位说明。

这一类型的篇章并列结构主要叙述同一事物的几个不同方面的典型特征。

其结构用公式可以表示为:

$$T_1 \rightarrow R_1, \quad T_1 \rightarrow R_2, \quad T_1 \rightarrow R_3 \cdots\cdots T_1 \rightarrow R_n \quad (n>1)$$

例如,秋天的田野是金色的,秋天的田野也是丰收的,秋天的田野还是充满希望的。

整个结构围绕"秋天的田野"这一话题进行,从不同视角对这一话题的不同特征进行了叙述。

(3)篇章的并列结构中不同的主位由相同的述位说明。

这一类型的篇章并列结构常用以表达比较的内容,通过比较显示两个事物之间的相同点或差异。

其结构用公式可以表示为:

$$T_1 \rightarrow R_1, \quad T_2 \rightarrow R_1, \quad T_3 \rightarrow R_1 \cdots\cdots T_n \rightarrow R_1 \quad (n>1)$$

例如,宇宙是无止境的,它的运动也是无止境的。

整个结构围绕"宇宙"这一话题展开,从不同视角叙述了宇宙无止境的特点。

3. 分层结构

篇章的分层结构是指篇章的基本形式为"话题句+展开句"两个成分处于两个层次上,其结构用公式可以表示为:

$$T_1 \rightarrow R_1(R_1' + R_1'')$$
$$\downarrow \quad \downarrow$$
$$\downarrow \quad T_3 - \rightarrow R_3$$
$$T_2 - \rightarrow R_2$$

篇章的分层结构多表现为总分结构。类具体篇章中总分结构又表现为以下三种类型。

(1)总提+分述

例如,

张家屯有两个公认的新时代创业者,一个是张北村的大张,一个是张南村的小张。

（2）分述＋总括

例如，

麦田的两旁均种植着蔬菜，左边种植着番茄、黄瓜、小葱，右边种植着茄子、豆角。两旁的菜地均已绿油油一片。

（3）总提＋分述＋总括

例如，

学校大扫除中，同学们个个干劲十足，有的提水桶，有的洗抹布，有的拖地，有的摆桌椅，共同把教室打扫得窗明几净。

二、篇章中应用的逻辑方法

篇章叙述应当遵循思维逻辑，只有遵循逻辑表达，篇章结构才能更加合理、顺畅。在现实生活中，人们对现实材料进行逻辑分析时，通常需要应用一定的逻辑方法，从而更好地将现实材料组合成篇章。篇章中应用的逻辑方法包括比较法、分析法、综合法、抽象法、概括法、演绎法、归纳法等，这些方法既可以单位使用，也可以综合使用（表 1-10）。

表 1-10　篇章叙述中的逻辑方法一览表

序号	逻辑方法	说明
1	比较法	篇章叙述中常使用比较法阐述观点、阐明道理，从而使篇章逻辑更加顺畅，意思表达更加精准。比较法通常通过过去与现在的比较、自己与他人的比较、此地与某地的比较、此处与某处的比较等
2	分析法	分析法是指将对象进行分解，划分成简单的部分，从而对其进行详尽的叙述，在篇章中使用分析法，可以使篇章话题更加深入地展开
3	综合法	综合法是指将不同认识对象组合和结合在一起，从而对话题进行总体论述。在篇章应用中，分析法和综合法常常结合在一起使用，在篇章结构上常表现为分层结构
4	抽象法	将完整的事实转化为抽象的方法。先从感性的具体过渡到抽象，再从抽象上升到理性的具体，与此相适应，就有抽象和具体两层思维方法

续表

序号	逻辑方法	说明
5	概括法	在头脑中把抽取出来的事物的一般属性或本质属性联合起来加以考察的思维过程，也是把抽象出来的、一般的、本质的属性进行归类的过程
6	演绎法	演绎法是由一般到个别的思维方法，用已知的一般原理考察某一特殊对象，扮演出有关这个对象的结论，演绎的方法在现代汉语篇章中应用得十分广泛
7	归纳法	归纳法是由个别到一般的思维方法，由若干个别事例推出一个一般性的结论，或用若干个别的判断作论据证明一个论点或论题

一般在篇章论述中，通常使用多种逻辑方法，因此在具体篇章中使用了哪些逻辑方法应当具体分析。

三、篇章逻辑对汉语的影响

语言是人类进行信息交流的工具，语言的表达受思维逻辑的制约，需要遵循一定的逻辑。篇章逻辑对汉语的运用有着极其重要的影响，主要表现在以下几个方面。

（一）篇章逻辑中的概念在阅读中的作用

在汉语阅读中充分利用篇章逻辑，有助于读者把握文章的脉络，深入了解文章的内涵。篇章逻辑为汉语语篇阅读提供了良好的理论支持和理论方法。读者在阅读中利用篇章逻辑的方法，可以更加精准地了解和把握文章的主旨，深入理解写作者的创作思路，根据文章的逻辑脉络准确理解文章的内涵。

1. 篇章逻辑有利于读者在阅读中明确概念

概念是重要的思维形式之一，人类对事物本质属性的认识大多通过概念表达出来。概念把握了认识对象的本质，并且将对象的本质揭示出来，是人类认识的抽象过程。在篇章阅读中，人们只有先把握了概念，才能更加精准地理解篇章的内涵，把握篇章的中心思想。而篇章逻辑有利于读者在阅读中明确概念。

概念一般通过对事物的内涵和外延的了解，从而对事物的本质进行把握，读者掌握篇章逻辑的方法之后，可以更好地运用篇章逻辑对事物的概念进行概括与总结，明确篇章中所论述的概念，从而更加深入地理解篇章内涵。

（1）把握概念有利于读者进行记叙文阅读

记叙文作为一种以描写人物、事件为主要内容的文体，只有及时把握其中的概念，才能掌握记叙文的关键点，从而有利于读者把握记叙文中的事件的发展，以及人物性格和行为的变化，深入地理解记叙文的主题思想。

（2）把握概念有利于读者进行说明文阅读

说明文是以说明为主要表达方式的篇章，用于介绍事物和阐明事理。说明文的对象通常通过概念表达出来，对概念的内涵和外延、发展进行阐释，因此，读者在说明文的阅读中把握概念对理解说明文的内涵，理清说明文的思路起着极其重要的作用。

（3）把握概念有利于读者进行议论文阅读

议论文是以论证为主要表达方式的一种特殊文本，议论文中的篇章构造以逻辑推理作为主要形式。而议论文中的逻辑论述通常以概念作为前提，明确论点之后，再对文章进行论述。从这一视角来看，读者在阅读议论文时，应当先把握概念，在明确概念的基础上充分运用逻辑思维才能更好地把握议论文的论点，并对议论文的论述进行判断。

2. 篇章逻辑中的逻辑判断在阅读中的作用

在思维过程中，首先产生概念，进而对概念进行判断。判断与概念一样，均为人类重要的思维形式，判断是在对象认识的基础上形成的断定，借助判断能够得到有效的结论。

（1）记叙文中的逻辑判断必不可少

记叙文是以时间或事件的发展作为主要线索的篇章，读者在阅读记叙文时，不仅要通过概念了解记叙文描写的事件，还要通过逻辑判断，梳理记叙文的主线和中心思想，并且在中心思想的指导下进行阅读和分析。

（2）说明文中的逻辑判断至关重要

说明文是对事物或道理进行说明的文章，在对说明文的事物或道理的概念进行了解后，应当充分运用逻辑判断对说明文中所涉及的事物进行了解，唯其如此，才能正确认识事物，也才能真正了解篇章中所介绍的事物或阐明的事理。

（3）议论文中的逻辑判断十分关键

议论文是围绕某一论点进行展开的篇章，明确概念后，应对文章的论点和论据进行逻辑判断，进而对篇章的内部结构进行分析，判断篇章的分析是否合理，论据是否充分、有效。相反，如果读者在阅读中不能充分逻辑判断，则无法判定篇章中的论证是否合理，无法从篇章中吸收内容，将其转化为自身的观点。

3. 篇章逻辑中的有效逻辑推理在阅读中的作用

逻辑推理是在逻辑概念和逻辑判断的基础上形成的一种重要的思维形式。逻辑概念和逻辑判断形成之后，以此为基础可以推理出新的认识。通过借助逻辑推理，人类可以触类旁通，对事物进行更加深刻的认识。逻辑推理在篇章阅读中起着极为重要的作用。

（1）在记叙文中运用逻辑推理可以更好地把握篇章结构的主线

读者在阅读中充分运用逻辑推理，可以对记叙文的文章主线结构进行把握。一般而言，记叙文的逻辑主线只有一条，多以事件的发展或人物活动作为叙述的重点。在记叙文阅读中，读者明确了概念和判断后，还应当使用有效的逻辑推理文章的思路进行梳理，把握推理前提和推理结论之间的逻辑关系。

（2）在说明文中运用逻辑推理可以了解和判断作者写作思维的方向

说明文以认识事物作为主要目的，说明文通常是一个已知到未知的过程，通过对已知事物的描写和说明，向读者介绍未知的事物，引导读者从已知走向未知，从未知再回到已知，从而对事物进行充分的了解。说明文阅读中运用逻辑推理，能够明确说明文的重点，掌握说明文的推理模式，把握其内容要点。

（3）在议论文中运用逻辑推理可以更好地把握文章的主旨

议论文的写作往往从概念入手，进行环环相扣的议论。读者在阅读议论文时，应当充分运用逻辑推理对议论文的论点和论据进行逻辑判断，才能明确论点，掌握议论文的推理模式，把握议论文的主旨内容。

（二）篇章逻辑对汉语写作的影响

篇章逻辑能够使汉语的表达更加规范化、严谨化，从而有利于汉语写作。

1. 篇章逻辑的运用有利于语言表达的规范化

在汉语写作中运用篇章逻辑能够保障语言表达的规范化。篇章逻辑中概念的运用对应着现代汉语语词的运用，而语词是篇章的基本构成单位，在篇章中一个个语词构成句子，一个个句子构成语段，一个个语段共同构成篇章。由此可见，如果没有语词，没有逻辑思维中概念的形成，则无法构成篇章。篇章中的语词对应着概念，只有加强语词的规范性，才能使得篇章中概念的表达更加准确和规范，减少用词不当和词不达意之类的错误，使篇章表达更加清晰，逻辑更加严密。

除了语词之外，篇章中的句子也需要遵循逻辑，而在句子组成语段，语段组合成篇章的过程中，逻辑思维发挥着极其重要的作用，只有按照一定的逻辑结构组合在一起，以合适的逻辑词汇相连接，篇章的句子结构才能更加严密和规范。句子与句子组合而成的语段只有遵循一定的逻辑思维，才能对事物进行严密的推理和精准的论述，也才能使语言的表达更加规范化。语段的组合也需严格遵循一定的逻辑，才能使整个篇章的论述更加规范和严密。

2. 篇章逻辑的运用有利于语言表达的严谨化

篇章逻辑的运用有利于语言表达的严谨化，主要体现在以下几个方面。

（1）篇章逻辑的运用可以明确篇章立意，构建清晰的篇章思路

汉语篇章写作中应当明确篇章立意，树立鲜明的观点，围绕观点进行论述。而篇章逻辑的运用能够有效地促进篇章的立意更加鲜明，条理更加清晰。篇章的立意是否鲜明与写作者的逻辑思维认知，以及逻辑思维方法的运用密切相关。

人类在认识事物时，对事物的本质及规律的认识不是一蹴而就的，而是需要经历一个从感性到理性的过程，这时需要运用逻辑的方法对此进行推敲，以便去其糟粕，取其精华。在写作过程中，写作者为了表明主题，应从人类的认知规律和思维逻辑着手，运用逻辑思维方法，通过分析、综合、抽象、概括、归纳、演绎，揭示事物的本质和规律。从而达到立意鲜明，论述合理、结构清晰的目的。

（2）篇章逻辑的运用可以使篇章布局更加合理，结构更加严谨

在汉语篇章写作中，确定立意、理清思路之后，写作者需要将语言材料通过合理的编排，使其形成严谨的篇章结构。而在此过程中，需要充分运用篇章的逻辑。

篇章的布局直接关系着篇章的立意和写作者观点的表达。写作者在写作过程中，在明确立意和写作思路之后，应当围绕立意组织材料，确

定先写什么，后写什么。开头如何抛砖引玉，引出篇章的立意和观点，在对立意和观点进行论证的过程中，段落与层次如何展开，如何从一个论证过程到另一个论证，再在观点的基础上进行引申等。这些均需要写作者具有严谨的逻辑思路。而篇章逻辑的运用，有利于写作者合理地分配篇章的格局，运用逻辑方法将材料组织在一起，充分表达写作者的观点，保障篇章的结构呈现出错落有致、层次分明，结构严谨，文气贯通，达到整篇文章浑然一体。

（三）篇章逻辑对汉语交流的影响

除了阅读和写作之外，篇章逻辑还对语言的表达和接受均起着极为重要的影响。这一点主要表现在以下两个方面。

1. 篇章逻辑对演讲的影响

语言是思维的外化形式，也是人类思维表达的重要工具。演讲作为语言表达的一种重要方式，借助词语、句子、段落和篇章将演讲者的思维表达出来。演讲的目的是让被演讲人听到和接受其中的观点。因此，演讲稿更应遵循一定的篇章逻辑。

（1）篇章逻辑是演讲的思维基础

演讲稿的篇章逻辑应当符合听众的心理思维习惯，首先应当明确地提出演讲的主题和观点，使观众形成鲜明的印象。然后在此基础上，围绕演讲的主题和观点，展开论述。一般来说，清晰的篇章逻辑，能够帮助演讲者梳理思路，使演讲者的逻辑更加严密，使演讲的主题更加鲜明。

相反，如果失去了逻辑，则演讲者的演讲就会成为一盘散沙，不能有理有据地证明其演讲的主题，该演讲就会成为失败的演讲。

（2）篇章逻辑能够提高演讲的说服力

演讲稿与其他稿件不同，演讲稿是由演讲者以口头表达输出的篇章，不仅要求演讲者个人认同篇章中的主题观点，演讲者还要说服观众认同篇章中的观点。如果观众不认同演讲者的主题观点，则该演讲就是失败的演讲。为了提升演讲的说服力，演讲者在进行篇章构建的过程中，应当充分尊重观众的认知和逻辑思维，通过词语的选择，句子的组织，以及段落的架构，向观众传递概念和命题，通过严密的逻辑推理，让观众接受和信服演讲者对概念和命题的论证，接受演讲者的观点，提升演讲的说服力。

2. 篇章逻辑对日常交流的影响

除了演讲之外，在日常生活中人们常借助语言这种工具进行信息交流，而在交际过程中，说话者和听话者之间的信息传达和接收是否准确，直接关系着交际的质量。而日常交流受篇章逻辑的直接影响。

（1）篇章逻辑直接影响口语表达的准确度

在日常交际中，人们大多使用口语进行交流，而口语交流与书面表达不同，不存在严格意义上的段落的篇章的区分，普遍由简短的词语、句子和复句构成。在口语表达中，需要以逻辑作为基础。说话者在表达中，如果不注重词语与词语，句子与句子之间的逻辑，则其所说出的话语则可能会出现前言不搭后语的现象，导致口语表达不清。不仅说话者难以有效表达其观点，通常也会导致听话者难以从毫无逻辑的话语中提取有效的信息，导致双方的交流达不到传递信息、达成一致的目的。

（2）篇章逻辑直接影响信息交流的有效性

在日常际活动中，交际双方并非一方输出信息，一方接收信息的信息传播模式，而是交际双方互为说话者和听话者，双方作为信息的输出者和接收者。日常交际活动中，交际双方往往围绕某一个话题展开讨论，进行信息传递或讨论。因此，交际双方的信息输出和接收应当具有逻辑性，遵循篇章逻辑。否则，如果交际双方的逻辑起点不同，那么交际双方将无法进行交流，只有交际双方的逻辑起点相同，双方才能进行有效的信息交流。

综上所述，汉语的阅读、写作和演讲和日常交际均离不开逻辑，只有遵循一定的逻辑才能进行阅读、写作与交流，保障阅读、写作与交流的有效性。

第五节　汉语的修辞逻辑

汉语的修辞和逻辑之间存在极其密切的关系，本节主要对汉语的修辞逻辑进行概述。

一、修辞基本知识

修辞是语言学研究的重要概念之一。"修辞"一词在汉语中出现的时间较早，最早见于中国古籍《周易》，然而古代汉语中的"修辞"一词与语言学中的"修辞"一词概念存在较大差异。

（一）修辞的定义

近现代以来，中外语言学家从不同视角对语言学中"修辞"一词的定义进行了研究，我国语言学家陈望道曾指出，修辞一词，存在广义与狭义之分。其中，从狭义上来看，"修"当作"修饰"来解释，"辞"当作"文辞"来解释，修辞就是"修饰文辞"之义。从广义上来看，"修"当作"调整或适用"解，"辞"当作"语辞"解，"修辞"就是"调整或适用语辞"之义[①]。这一概念对汉语修辞的研究产生了较大

---

① 陈望道. 修辞学发凡［M］. 上海：上海教育出版社，2001：4.

影响。

除此之外，我国学者黄伯荣、廖序东则指出："修辞"一词包含三种含义。第一种含义，指运用语言的方法、技巧和规律；第二处含义，指说话和写作中积极调整语言的行为，即修辞活动；第三种含义，指以加强表达效果的方法、规律为研究对象的修辞学或修辞著作[①]。

本书认同黄伯荣、廖序东对修辞的定义。

（二）修辞的类型

修辞根据不同的划分视角，其类型也不尽相同。

1. 根据修辞表达的意思进行分类

根据表达的意思进行分类，修辞大体可以划分为"积极修辞"与"消极修辞"两种类型。

积极修辞指根据表情达意的需要，极力使语言准确、鲜明、生动、富有感人力量的修辞方法。消极修辞，则是指使语言表达极为简洁、流畅、清楚和明白。积极修辞与消极修辞的相对，二者的关系十分密切，既相互独立，又互相依存，不能全然分开。

2. 根据语言的构成要素对修辞进行分类

根据语言的构成要素进行分类，修辞可以划分为语音修辞、词语修辞、句子修辞、篇章修辞、语体风格修辞等。

（1）语音修辞

语言是声音和意义的结合体，语音是语言的重要构成要素之一。任何一种语言均包含语音体系，汉语也是如此。语言的声音并非任意音节随意凑在一起就能够表达意思，而是需要特定的体系，在内容与形式相

---

① 黄伯荣，廖序东. 现代汉语 [M]. 北京：高等教育出版社，2017：66.

统一的前提下，讲求语音的声韵美，即讲求语音修辞。语音修辞主要包括音节整齐匀称、声调平仄相配、韵脚和谐自然、叠音自然、双声叠韵配合。

（2）词语修辞

词语是语言必不可缺的构成要素，汉语词语丰富多彩，人们进行表达时，为了追求更加生动的表达效果，常选择最为准确和生动的词语，将他们组织到句子中，以期获得最佳的表达效果。词语修辞是汉语中使用频率最高，表达效果最为直接和明显的一种修辞类型。词语修辞具体指词语的选择与配合，词语修辞主要包括选用词语的要求、对词语进行选择加工和锤炼，以达到独特的艺术效果。

（3）句子修辞

句子是语言中最大的语法单位，也是言语交际中最小的话语单位。对句子进行修辞是为了提升表达效果，增强语言的表现力。句子修辞的主要手段和方法包括调整语序、选用句式等。

（4）篇章修辞

篇章是语言的重要构成要素，能够表达一个相对较为完整的意思，篇章由多个词语、句子构成，有大有小，有繁有简。一般情况下，篇章由一系列结构上衔接，语义上连贯的句子组成。篇章修辞要求具有较强的连贯性和统一性。其中，篇章修辞的连贯性和统一性是指语言的组合衔接需要保持连贯统一。具体包括话题的前后统一、表述角度的前后一致、思路表达的连续不断、语言衔接的紧密等。

（5）语体风格修辞

语体是指人们在语言运用的过程中，根据交际的内容、对象、范围、语境和交际的目的不同，而形成的言语行为的体式。不同的语体在语言的运用和修辞手法方面表现出不同的风格。语体风格修辞大体可划分为口语语体修辞和书面语体修辞两种类型。这两种类型的语体风格修辞，分别适用于不同的交际环境和交际对象。

表 1-11　根据语言的构成要素对修辞进行分类一览表

序号	类型	内容	特点
1	语音修辞	音节整齐匀称	音节节奏相似、数目相等，赋予语言较强的节奏感，增强语言表达的抒情色彩和感人力量
		声调平仄相配	汉语声调的平仄相配能够赋予语言较强的韵律美和抑扬顿挫之美
		韵脚和谐自然	韵脚和谐自然能够赋予语言独特的韵律，提升语言的节奏感
		叠音自然	在语言表达中，恰当运用叠音既能够突出词语的意义，加强对事物的形象描绘，还能够增强人们对语言的感受，表现亲切、爱怜的情感
		双声叠韵配合	汉语中恰当运用双声和叠韵能够营造一种回环的美，使语言读起来音韵悦耳，具有较强的声音美
2	词语修辞	选用词语的要求	弄清词语的对象、选择准确朴实、简洁有力、新鲜活泼、形象生动的词语
		词语的加工与锤炼	精心挑选、修饰点染、巧妙配合（同义相别、反义相对、同音相谐、同素相配、同词复现）
3	句子修辞	调整语序	主语谓语的倒装
			修辞语和中心语的倒装
			偏正复句中分句的倒装
		选用句式	短句和长句的选用
			肯定句和否定句的选用
			主动句和被动句的选用
			疑问句、设问句和反问句的选用
			句子语气的选用
			整句和散句的选用
4	篇章修辞	话题前后要统一	话题前后统一是保持语言连贯的必要条件，也是语言连贯的首要条件
		表述角度一致	只有保持表述角度一致，才能保障整个语篇所表达意思的连贯与统一
		思路连续不断	语言是思维的外在体现，只有保障思路的连续不断，才能合理地安排篇章，篇章语言才能保持连贯统一
		语言衔接紧密	语言形式上的衔接与响应是保持话语连贯统一的重要条件，语言前后衔接紧密，主要表现在，恰当使用关联词语、巧妙使用意思相联系的词语或句子、恰当使用过渡性语句或段落
5	语体风格修辞	口语语体	随意谈话语体、非随意谈话语体
		书面语体	公文语体、政论语体、科技语体、文艺语体、广告语体

（三）修辞的原则与手法

修辞以语音、词汇和语法作为基础，是对语音、词汇和语法的综合的艺术加工。修辞应当遵循一定的原则。

（1）修辞的原则

修辞不等同于辞格，在汉语中运用修辞应当遵循适应交际目的和重视语言环境的基本原则。

（2）修辞手法

修辞手法在这里指修辞格，修辞格是修辞的重要部分，汉语中常用的修辞格包括比喻、比拟、借代、双关、反语、夸张、粘连、仿词、对偶、排比、反复、顶真、回环、设问、反问等（见表1-12）。

表1-12 汉语中的主要修辞手法一览表

序号	修辞手法	说明
1	比喻	根据不同事物之间的相似之处，运用以彼类事物打比方对此类事物进行描绘或说明的修辞格即为比喻，具体包括明喻、暗喻、借喻，以及缩喻、扩喻、较喻、反喻等类型
2	比拟	把一个事物当作另外一个事物来描述、说明，具体包括以物拟人、以人拟物、以物拟物等类型
3	借代	在语言表达中，不直接对某一事物进行说明，而借用与此事物具有密切关系的事物进行代替的修辞手法的，具体包括以特征代本体、以具体代抽象、以局部代整体、以特定代普通、以结果代原因等类型
4	双关	在汉语表达中利用词语的多义或谐音，表达言在此而意在彼的功能的修辞手法，主要包括谐音相关、语义相关等类型
5	反语	在汉语表达中，使用和词语的本来意思相反的词句来表达本义的修辞手法称为反语，反语在汉语表达中多赋予表达诙谐、幽默的特点
6	夸张	在汉语表达中，为了表达的需要，在客观现实的基础上，故意对事物作言过其实的描述的修辞手法称为夸张，具体包括扩大、缩小、超前三种类型
7	粘连	甲乙两个事物连在一起叙述，把本来只适用于甲事物的词语信手拈来用到乙事物上的修辞和法，具体包括严式粘连、宽式粘连两种类型
8	仿词	以人们记忆中的现成词语为基础，采取抽换语素的方法，临时仿造出新词语的修辞手法，具体包括音仿、义仿两种类型

续表

序号	修辞手法	说明
9	对偶	把字数相等、结构相同或基本相同、意义相关的两个句子或词组，对称地排列在一起的修辞手法，具体可划分为正对、反对、串对三种类型
10	排比	范围相同，意思密切相关的内容，用三个或三个以上结构相同或相似的，词语或语气一致的句子说下来的修辞手法，具体包括句子的排比、句子成分的排比两种类型
11	反复	为了某种目的（或突出某个意思，或强调某种感情）有意识地用同一种语言形式多次重复申说的修辞手法，具体包括连续反复、间隔反复两种类型
12	顶真	用前一句的末尾，做下一句的开头，使相邻的语句或章节上传下接，首尾蝉联的修辞手法，具体包括以词顶词、以词组顶词组、以句子顶句子三种类型
13	回环	把前后相连的词语或句子，组织成前者的末尾做后者的开头，后者的末尾做前者的开头的，循环往复的修辞手法，具体包括严式回环、宽式回环两种类型
14	设问	在说话或行文中，虽说自己心中有数，却故作无疑之问，以便引起注意然后再作回答，或作无疑而问后，不作回答，让对方去思索体会的修辞手法，具体包括自问自答、问而不答两种类型
15	反问	从反面提问，答案就在问句当中，这种运用疑问的语气，来表达肯定或否定的意思，来表示强烈感情的修辞手法，具体包括以肯定形式表示否定的意思，以否定形式表示肯定的意思两种类型

汉语中修辞手法的运用均能够突出事物的特征，引发人们的联想与想象，从而加深人们对表达事物的印象，唤起人们的情感共鸣。汉语的修辞手法既可以单独使用，也可以多种修辞手法一起使用。

（四）修辞与语法之间的关系

语言修辞与语法之间存在着本质差别。语法指词语、句子的结构规则或规律，侧重于语言表达的通顺。而修辞则指增强语言表达的效果的方法与手段，侧重于语言表达的优劣。因此，修辞与语法之间存在差异，除此之外，修辞与语法之间还存在较强的紧密联系。

修辞与语法之间的联系主要体现在以下两个方面。

（1）语法是修辞的基础

汉语语法是汉语修辞的基础，汉语修辞受汉语语法的制约。一些修辞手法由汉语语法的特点决定。例如，汉语语法上存在并列句，汉句修辞上因此随之出现了并列句、排比句、对偶句、对比句、顶真句、回环句等。这些句子中分别使用了并列修辞、排比修辞、对偶修辞、对比修辞、顶真修辞、回环修辞等，极大地丰富了我国的语言表达技巧。可以说，汉语的任何修辞均应当以合乎语法作为先决条件。

（2）修辞是语法的促动

修辞是语法的促动主要表现在伴随着汉语的不断发展，一些修辞现象会转化为语法现象。

二、修辞与逻辑之间的关系

研究汉语的修辞逻辑，首先应当理清修辞与逻辑之间的关系，修辞和逻辑均为语言学研究的重要内容，逻辑是修辞的基础，修辞表达需要遵循一定的逻辑思维。

（一）逻辑是修辞的基础

语言是人类表达思想、获取信息、进行交际的重要工具，语言是思维的外化形式，语言的形成过程即是思维活动的过程，人们在进行说话之前，通常在头脑中先形成想要表达的意念，进而经过大脑的思维活动，通过含有特定概念的词语进行组合，最后才能生成一句句的话语表达出来。语言系统的产生与语言的表达均是思维活动的结果，语言表达的形式和内容是同思维决定的，因此，语言表达的实质就是思维的外化表现。

在语言交际活动中，正确的思维是交际者进行准确表达和接收信息的先决条件。通常而言，交际活动的过程由信息编码、发送、传递、接收和解码几个阶段构成。交际双方借助话语的往来形成一个特定的交际场，在这一特定的交际场中，当交际双方中的一方进行表达时，其所说出的话语即是信息源，而交际的另一方则是信息的接收者。交际过程中，交际双方的话语即是信息的编码，交际双方将信息进行编码，通过语言表达出来，并发送给交际的另一方，交际的另一方在接收语言后，再将语言进行解码，整个交际过程才得以完成。而在这一过程中，交际者双方对信息的编码和解码的思维是否一致，决定着交际活动能否顺利进行下去。

对于交际者来说，交际双方在使用语言进行思维活动和表达思维的过程中，语言运用得是否准确，表达得是否精准无误，既与交际者自身的语言局限性有关，也与交际者的思维能力强弱以及语言表达水平有着直接关系。一般而言，在思维过程中，按照一定的逻辑思考问题，保持思想首尾的一致性，并且自觉运用逻辑规律检验思维的内容，保障思想的准确和严密，并且合理地将思维活动运用语言表达出来，则能够促进思维、语言、内容与形式的和谐统一。

语言修辞应当遵循一定的逻辑性，唯其如此，才能更好地进行表达。如果忽视了逻辑，违背了逻辑规律，则不可能获得成功的修辞，只能收获失败的修辞。

例如，大自然创造了世界，创造了人间，还选中了皖南山区，安排了一处胜境。

这句话使用了拟人的修辞手法，将大自然进行了拟人化处理，然而，从逻辑上来看，世界、人间均属于范畴较大的概念，而皖南山区则属于范畴较小的概念，从句子的逻辑来看，世界、人间和皖南山区属于不同范畴的概念，三者不能呈现出逻辑顺承的关系。

（二）修辞表达需要遵循一定的逻辑思维

修辞与逻辑两者作为语言的特有现象，在语言表达中起着不同的作用。其中，逻辑在语言表达中主要起着"对不对"的作用，而修辞在语言表达中起着"好不好"的作用。

一般来说，修辞表达需要遵循一定的逻辑思维。以对比修辞手法为例。对比修辞手法中一般遵循的逻辑是概念间的矛盾关系或反对关系。例如，得道者多助，失道者寡助，这一句话中的"得道者"与"失道者"是一对矛盾关系，两者的形象上呈现出鲜明的矛盾性，而"多助"和"寡助"则属于对象属性的对比，整句话通过对比修辞表达作者的鲜明倾向。而这一对比修辞的基础则是遵循了一定的逻辑思维。

综上所述，修辞和逻辑之间存在极其复杂的、具体的、深刻的关系，研究修辞应当以逻辑作为基础，遵循一定的逻辑思维，才能确保语言表达得精准、切实可信，排除似是而非的表达。

第二章　语境概述

第一节　语境的概念及分类

语境是语言学上的重要概念之一，本节主要对语境的概念及分类进行详细分析。

一、语境的相关概念阐释

语境即使用语言的环境，说话或写文章的自然环境、社会环境及作品中的上下文、说话的前言后语等。语境是语言学研究的重要构成部分，也是汉语学研究的重点。自 20 世纪以来，语境的研究引发了国内外语言学家的高度关注，从不同视角提出了不同的语境研究理论（见表 2-1）。

表 2-1　具有代表性的语境研究理论一览表

序号	学者	研究方向/主要观点
1	马林诺夫斯基	语境研究的奠基人，将语境划分为情境语境和文化语境两种类型
2	弗斯	以马林诺夫斯基提出的情境语境作为研究基础，并且将情境语境的提法运用到语言学之中，提出了"情境上下文"的分类，从参与者、相关事物和言语活动的影响三个因素探求语篇和语言外因素之间的联系

续表

序号	学者	研究方向/主要观点
3	韩礼德	在弗斯语境研究的基础上提出了"语域"的概念，对语境的构成进行系统研究，强调语境是语言形式的决定性因素，主张将有语言研究置于社会环境中进行，强调语言的社会功能和交际功能，将语言视为某种形式的社会行为
4	费什曼	在韩礼德"语域"研究基础上对"语域"的概念进行了拓展
5	海姆斯	提出了语境的八要素，即场景、参与者、目的和结果、行为顺序、格调、信息传递的媒介或工具、用语规范和体裁
6	乔姆斯基	语境对语义有着重要影响，语义的研究也离不开语境
7	陈望道	较早对现代汉语的语境进行研究，提出了语境的六个构成因素，即何故、何事、何人、何地、何时、何如
8	王德春	在陈望道对语境研究的基础上，进一步发展了现代汉语的语境研究，对语境和修辞学的关系进行了重点研究
9	张志公	从语义和语境的关系视角对语境进行分类

除了上表中的学者对语境的研究之外，其他学者还从多个视角对语境进行了研究。从总体上来看，中外学者对语境的研究已经取得了一定的成果，涉及语境自身的概念、分类，以及语境对修辞、语义、逻辑、交际等不同领域。

关于语境的概念，研究者分别从不同视角进行了研究，因此现阶段学术界并未对语境的概念达成共识。

近年来，伴随着语境研究的不断深化，人们对语境概念研究的视角越来越丰富。本书认为，语境的概念具有狭义和广义之分。狭义的语境是指书面语的上下文或口语的前言后语所形成的言语环境，狭义的语境又称为小语境。广义的语境是指人们进行言语表达时的具体环境，广义的语境包含狭义的语境，以及狭义语境之外的、与人的言语表达行为相关的时间、地点、人物身份、环境气氛，以及社会环境。广义的语境又称为大语境。

二、语境的分类

语境的分类是语境研究的重点之一，语境的研究视角不同，对语境的划分的标准不同，语境的具体类别也不尽相同。常见的语境分类包括以下几种类型。

（一）从语境表现形式的视角进行分类

从语境的表现形式视角进行分类，语境可以划分为言辞语境和言辞外语境两种类型。

言辞语境是指在表达某种意义时的语言内部因素，包括书面语篇的上下文语境，以及口头话语的前后段落语境、句子语境和词组语境等。言辞外语境，则是从交际主体的视角出发，对语境进行划分，包括主观语境因素和客观语境因素（表2-2）。

表2-2 从语境表现形式的语境分类一览表

	分类	细分	具体因素、表现
语境	言辞语境	篇章语境	所在篇章语境/前后篇章语境
		段落语境	所在段落语境/前后段落语境
		句子语境	所在语句语境/前后语句语境
		词组语境	——
	言辞外语境	主观语境因素	交际者的认知水平、思想、修养、心理、背景等
		客观语境因素	交际的时间、场合、对象、交际话题等

（二）从语境因素的作用形式进行分类

从语境因素的作用形式进行分类，语境可以划分为静态语境和动态语境两个层面。其中，静态语境类似于言内语境，包含话语和语篇的语义结构和语言形式。动态语境则为语用语境。对动态语境的分析，需要结合静态语境以及相关因素进行分析（表2-3）。

表 2-3　从语境因素的作用形式的语境分类一览表

分类		细分
语境	静态语境	话语和语篇的语义结构和语言形式
	动态语境	交际活动的场景，即场景语境，或现场语境、或情境语境
		进入了交际的动态语言，即语言语境
		交际活动的主体，即背景语境

（三）从是否语言语境视角对语境进行分类

从是否语言语境视角对语境进行分类，可以将语境划分为语言语境和非语言语境两种类型，这两种语境，各自还可以进行细分（见表2-4）。

表 2-4　从是否语言语境视角对语境进行分类一览表

分类		细分	说明
语境	语言语境	语篇语境	书面语中上下文语境，或口头语言表达中的前后句语境，包含语音语境、语义语境和语法语境
		语体风格语境	书面语中不同语言表达风格形成的语境，具体表现为刚健与柔婉、藻丽与平实、明快与含蓄、简洁与繁丰、严谨与疏放、庄严与诡奇、典雅与通俗等各种不同类型
	非语言语境	物理世界语境	属于非语言语境范畴，主要包括时间语境、地点场合语境、对象语境等
		文化世界语境	属于非语言语境范畴，主要包括物态文化语境、行为文化语境、制度文化语境、心态文化语境等
		心理世界语境	属于非语言语境范畴，主要包括个体心理语境、社会心理语境、认知心理语境等

（四）从多角度对语境进行分类

从多角度对语境进行分类，从范围、内容、形式、情感、语种、运用等方面综合考虑，可以将语境划分为不同类型（表2-5）。

表 2-5　语境的多视角分类一览表

分类条件	类型	内涵或特点
从范围视角进行分类	广义语境	又称宏观语境，包括社会语境、自然语境、体态语境等，具有丰富性、多层性、游移性、多重性的特点
	狭义语境	又称为微观语境、小语境，主要包括书面语篇中的上下文语境或口语中的前后句语境，通常具有单一性、局部性、言辞性、规定性等特点
从内容视角进行分类	题旨语境	题旨，即言主交际的核心之关键，是交际的目的所在，题旨语境是理解作者意图及内容的关键
	情境语境	情境语境与广义语境的概念具有一定的相似性，情境语境可以划分为情境语境的主观因素、情境语境的客观因素、情境语境的构成方式三个方面，情境语境具有主观性、客观性和灵活性的特点
从表现形式视角进行分类	外显性语境	外显语境，又称为狭义语境，具体指话语的上下文。语言符号具有较强的线性特点，而在线性的语流中，语言单位会受到其前后语言单位的制约和影响。在现实言语交际活动中的时间、地点、场景等因素共同构成了外显性语境，具有直接性、辅助性、临时性的特点
	内隐性语境	内隐语境，又称为广义语境，具体指话语以外与语言运用相关的交际主客体、时空背景、社会文化背景等自然和人文环境。内隐语境包含两个方面，一方面，交际双方的社会因素、心理因素等主观语境因素，以及交际活动的场合、时间、地点、交际目的和范围，交际活动相关的社会文化环境等，在现实言语交际活动中除了外显性因素之外的其他客观因素，即交际者的认知、受教育程度、社会地位、社会背景等因素，共同构成了内隐性语境，具有潜在性、积淀性和广泛性的特点
从情绪视角进行分类	情绪语境	言语交际者的主观语境，包括交际者的情绪、情感、态度等，具有易变性、主观性、可感知性的特点
	理智语境	即不受交际者主观因素影响的客观逻辑语境，具有逻辑性、客观性和简易性的特点
从言语交际视角进行分类	单语语境	同一个语言社区的成员交际时常见的语境，同一语言社区的成员通常使用同一种语言进行交际，并且在交际过程中遵循共同的语言规范，然而同时又可保留一定的差异性
	双语语境	某些国家或社区的成员在交际时，使用两种语言作为官方语言和日常交际语言，在这种双语语境中，两种语言相互影响，表现出较强的语言变异性和兼容性特点
	多语语境	某些国家或社区的成员在交际时，使用三种或三种以上的语言作为官方语言和日常交际语言，多种语言相互影响，语言则成为区分人们种族、身份和地位的重要工具，突出地表现出语言的社会符号功能
从语言运用视角进行分类	伴随语境	言语表达过程中的一些非言语性因素的伴随表现
	模拟语境	一种富于表演特色的语境，常通过舞台、影视戏曲等形式表现某些场景，模拟语境与真实语境存在一定区别，然而观众却可以借助剧情将其与真实的自然语境相联系，从而获得良好的观赏体验

三、语境的构成

语境的构成要素指构成语言环境的因素，因此简称为语境因素。语境的构成主要包括以下五个方面的因素。

（一）主体因素

语境构成的主体因素即为言语交际活动中的交际者。在言语交际活动中，任何交际活动均为交际者双向或多向的信息交流。交际者作为语境的主体，其在语境中起着极其重要的作用。如果一个语境缺少了交际主体，则不能称之为语境，只能称之为言语的外部环境。

（二）客体因素

语境的构成除了主体因素之外，还包括客体因素。言语和言语行为即构成了语境的客体，语境的客体具体可以划分为静态的言语信息和动态的言语动作。静态的言语信息是指，语码信息的逻辑性组合，包括语言符号的元素，即词或词语构成的句子。动态的言语信息是指语码在特定言语活动中所负载的信息内容，包括整篇文章或整段话语。静态的言语信息和动态的言语动作共同构成了言语信息的内涵。

（三）主观因素

语境是在特定的语言交际环境中产生的，其构成既包括主体因素和客体因素，也包含主观因素。其中，主观因素包括交际者的身份、职业、思想、修养等共同构成了言语环境的主观因素。

（四）客观因素

语境除受主观因素的影响之外，还受到交际活动的时间、地点、场合，以及特定的人物等客观因素的影响。

（五）临时因素

语境的构成因素，除了主体因素、客体因素、主观因素、客观因素之外，还受临时因素的影响，临时因素指交际者在言语交际中的处境、心情、思想、修养等。

综上所述，语境的构成因素极其复杂，这些因素均对语境的构成有着极其重要的影响，只有通过语境的构成进行分析，才能更好地认清语境概念的内在本质，对语境在言语交际中的地位和作用进行深入的探析。

四、语境与语序

语序，顾名思义，指语言单位的结构顺序。语序既包含单句中词或短语的先后次序，也包括复句中分句的前后次序和篇章中句子的顺序。一般而言，汉语单句的语序为主谓宾句式，除了句子中的主谓宾之外，句子中的定语和状语通常用于句子的前面，而中心语则在定语和状语之后；补语在中心语之后。而语境则会对语序产生较大的影响。

（一）语境情势对语序的影响

言语交际中，情境因素的变化会对事件发展的态势产生影响，从而造成紧迫的语境情势。语境情势在言语交际中，能够对交际者的心理产生较强的压迫，因此，交际者在交际中所表达的内容，即是交际者最为关注的内容和表达的重点，往往受语境情势的影响而打乱语序。从这一视角来看，语境情势对语序具有直接的影响。

（二）语境交际者对语序的影响

在言语交际中，有时交际者在表达结束后，觉得仍然有未尽之意需要表达时，往往会进行补充叙述。而补充叙述通常是在正常表达之后，由于前一句表达中已然涉及了句子的各个成分，在补充表达中，交际者往往对一些句子的成分进行省略，对补充的信息重点进行突出，从而造成对语序的影响。

（三）篇章语境对语序的影响

篇章语境是指在书面语篇中，上下文所构成的小语境。篇章语境对语言的表达顺序具有直接的影响。篇章中句子的语序受其前后语言单位的影响，为使篇章中上下文之间的语义表达更加连贯，语句有时会打乱正常的语序，而突出主要信息。由此可见，篇章语境对语序具有直接影响。

五、语境的特征

语境具有普遍性与特殊性、动态性与静态性、客观性与主观性的特征。

（一）语境的普遍性与特殊性

1. 语境的普遍性特征

语境存在于一切言语交际之中，如果失去语境，言语交际活动就失去了意义。语境具有普遍性，但在具体的言语交际中，语境又具有特殊性。

2. 语境的特殊性特征

语境的特殊性在于语境与特定的语言文化相关，形成特殊的场域。言语交际活动在场域内进行，而在特定的场域之外的交际主体则无法理解或接受场域内的交际语言或交际要素。

例如，汉语中的"龙"具有特殊的含义，数千年来形成了独特的"龙文化"，在这一特殊的文化背景之下，产生了"望子成龙""龙的传人"等词语。而如果不了解汉语中的"龙文化"，就很难理解这些词语所表达的情感以及真正意义。

（二）语境的动态性与静态性

1. 语境的动态性特征

在言语交际中语境具有动态性的特点，这一特点主要表现在两个方面。

（1）语境外在环境的变化导致语境具有动态性

任何言语交际活动均涉及社会、文化、时代背景等外在环境，这些外在环境伴随着社会制度的变革、民族的迁徙以及时代的变迁等不断变化，从而导致语境也相应地发生变化。

以"大姐"一词为例。伴随着语境外在环境的变化，"大姐"一词的词义也发生了较大变化。宋代"大姐"一词家中排行最大的姐姐；明代"大姐"一词表示对女性的尊称；元明时期，"大姐"一词还可以代表对妻子称呼，或对年龄尚小的女子的称谓；清代，"大姐"一词可作为对丫鬟、侍女的称呼，等等。伴随着时代的发展变化，现代汉语中的"大姐"既可以作为家中排行最大的姐姐的称谓，也可以表示对女性的尊称。

从"大姐"一词的含义变化来看，伴随着时代的变迁，个别词语的意思会产生较大变化，导致语境的动态性变化。

（2）语境因素的变化导致语境具有动态性

语境因素的变化，也会导致语境的变化。在言语交际中，前面的话语中所产生的语境会成为语境因素，影响随后话语的语境。

以下面这个句子为例。

小明：下雨了。

妈妈：太好了，地里的庄稼可以好好生长了。

爸爸：不能去公园遛弯了。

哥哥：路上会很滑了，上班要当心！

上例中，小明所说的话语"下雨了"构成了例句的语境。妈妈和爸爸、哥哥所说的话语是对小明所说的话语的回答，同时也无成了语境共识。妈妈的话语表明了下雨对庄稼的影响，爸爸的话语表明了下雨对去公园遛弯的影响，哥哥的话语表明了下雨对上班的影响。妈妈、爸爸和哥哥对下雨的反映以及话语分别与"下雨了"这一语境构成语境共识，同时这些反映也改变了"下雨了"这一语境中暗含的意义。

从上述两个方面来看，语境是一个动态系统，在交际过程中不断发生变化，呈现出动态性的特征。

2. 语境的静态性特征

尽管语境具有动态性特征，然而语言的演变具有渐变性，属于一种缓慢的变化。从这一视角来看，语境具有静态性特征。

（三）语境的客观性与主观性

1. 语境的客观性特征

语境是一种客观存在，具有客观性特征。语境的客观性受情景语境和语言语境构成因素的影响。语言语境的构成因素包括自然时空因素和社会文化因素，此外，交际双方的特点以及共知信息等均能够对语境产生影响。从这一视角来看，语境具有客观性的特点。

2. 语境的主观性特征

语境的主观性特征主要体现在交际主体对语境因素的主观认知

方面。

以下面这段话为例。

星期天小明和小刚在小刚家玩轮船游戏，小明充当船长，小刚充当水手。正玩得起劲，妈妈进屋来对小刚说：小刚帮我拿东西。小刚对妈妈说："我们的轮船正在大海上航行，还没有靠岸怎么能下船呢？"接着，小刚对小明说："船长，快靠岸啊，我要下船了"。小明和小刚假装让轮船靠岸。小刚才走到妈妈面前帮忙。

在这个例子中，小明和小刚两个人在玩游戏时，靠想象创造出了一种语境。小刚妈妈并不了解这一语境，在妈妈寻求小刚帮忙时，小刚和小明根据主观想象出来的游戏创造了主观性语境，并以这一语境作为前提下进行行动。

综上所述，语境拥有多个特征，了解了语境的特征，能够在言语交际中更好地利用语境来了解交际对象话语中的深刻内涵。

第二节　语境的价值

语境的价值可以从其在语言学中的地位与作用，以及语境的功能表现出来。

一、语境在语言学中的地位与作用

语境作为语言学的重要概念与研究领域，与语言学各学科之间均有着密切的联系，本书主要从语境与各学科之间的关系着手，全面分析语境在语言学中的地位与作用，揭示不同学科在语言平面的共同特点与规律。

（一）语境与口语学

口语学是语言学中的一门以口语为对象的科学，具体又可划分为汉语口语学、俄语口语学、韩语口语学、英语口语学等类型。语境是口语学研究的重要因素之一，而口语对语境的依赖性则很大，任何篇章或话语均是一定语境中的产物。语境是口语交际的重要影响因素，如果脱离了语境进行口语现象分析，则无法准确地还原口语的意义。

口语话语包含两个重要构成因素，即词语和语境。在口语交际中，说话人与听话人均应借助一定的语境来表达思想，理解对方的真实意图。只有将词语和语境结合起来，才能形成口语特有的结构句式和内在规律。词语是口语话语的重要构成因素，如果脱离了词语，口语交际将无法进行，口语话语也就不复存在。除了词语，语境也是口语交际中不可或缺的因素。如果脱离了语境，则无法对口语的使用规律和规则进行研究。由此可见，语境与口语学之间存在着极其密切的联系，在口语学中具有极其重要的地位和作用。

（二）语境与语用学

语用学是研究语言运用规律的学科，作为一门新兴学科，语用学自20世纪以来获得了迅猛发展。语用学反对脱离现实生活和语义对语言现象进行孤立的研究，认为语言研究不能脱离语言的使用者和具体的语境。

语用学除了对语言知识进行研究之外，还对语境进行研究。语用的前提是对语境因素极其敏感，与说话的时间、地点、场合等语境条件有关。语用研究以语境作为前提，只有结合具体语境才能对交际双方的表达进行详细分析。由此可见，语境在语用学科中起着极其重要的作用。

（三）语境与社会语言学

社会语言学根据其研究对象和任务大体可以划分为语言学的社会语

言学、民族学的社会语言学、社会学的社会语言学、社会心理学的社会语言学、语用学的社会语言学等类型。无论是哪一种类型的社会语言学均十分重视语境的作用。社会语言学强调社会与语言的相互制约关系，强调联系社会因素对语言问题进行考察。社会语言学对语境的研究侧重于解释语言外的各种社会因素对语言表达式选择的影响，以及如何确立在特定的交际情景中语言的社会合适性。

社会语言学研究的重点不是语言，而是言语，不是结构而是功能，不是信息本身而是语境，不是语言的任意性，而是语言的得体。从社会语言学研究的重点看来，语境与社会语言学之间存在极为密切的关系，是社会语言学研究中的关键构成因素。

（四）语境与认知语言学

认知语言学是 20 世纪 80 年代兴起的新兴学科，认知语言学以语言作为研究对象，强调语言是一种存储信息和处理信息的必要工具，语言的产生是以人类认知作为基础的，是人类对世界认知的结果，相应的语言的运用和理解过程也是认知处理的过程。

认知语言学对交际过程的理解存在独到之处，强调语言交际受交际者语知环境的影响。在语言交际中，交际者对世界的假设以概念表征的形式储存在大脑中，构成交际者的认知环境。交际者的认知环境由一系列可以显现的事实或假设构成，其中包含着各种各样的信息，这些信息共同构成了交际者潜在的话语认知语境。

在交际环境中涉及情景知识、语言上文知识、背景知识等，构成的认知语境是社会中人所共享的东西。这种共有的集体意识在个人的认知结构里以社会表征的方式储存下来，以协调人际间的行为和语言使用，使之适合社会、文化和政治环境。社会心理表征所构成的认知语境在操作上可以抽象或系统化为知识草案、心理图示和社会心理表征三种语言隐性内容的推导机制。

认知语言学强调，交际行为中的话语推理过程，即是认知环境中旧信息和交际过程中的新信息相互作用的过程。当交际双方的认知语境中显映的事实或假设相同时，即会产生认知语境的重叠。认知语境的重叠部分组成共同认知语境再次催生新的互相显映。交际成功与否的关键取决于认知语境中的显映能否转变为互相显映。由此可见，认知语境在认知语言学的研究中具有相当重要的地位。

（五）语境与逻辑学

语言逻辑的研究与语境息息相关。语境能够帮助揭示自然语言潜在的逻辑关系。近年来，中外语言学家均十分注重语境的研究，从不同视角对语境与逻辑的关系进行了研究。由此可见，语境与逻辑学之间存在着极其密切的联系。

（六）语境与修辞学

语境现代修辞学的基础，修辞学主要研究如何根据题旨和情境，调动和运用各种语言资料和各种表现手法恰当地表达思想感情，以追求最佳的表达效果。修辞学主要研究语体、风格和修辞方法等。无论是语体、风格还是的修辞方法均不能脱离具体的语境进行分析，语境与修辞学之间存在着密切关系。

综上所述，语境与语言学的许多学科分支之间均存在密切联系，因此，语境在语言学中有着重要的地位。

二、语境的功能

语境的功能可从其结构功能、语义功能、文化功能、语用功能等方面进行阐释。

（一）语境的结构功能

结构研究是话语研究的重要组成部分，话语研究中的结构是指说话者掌握着不需要付出艰苦努力即可以运用的一个话语单位。话语中的语言单位互相关联，共同构成一定的话语结构。话语结构注重研究揭示话语单位潜在的线性结合能力和语言单位之间隐藏的互相替换的可能性。

语境能够制约话语的结构，在一定语境的制约下，话语的静态结构和动态结构均会受到话语的结构的影响。对话语结构的描述应当包括语言符号和语境两个方面。语境中的话语单位处于不断变化之中，话语结构的规律与语境密切相关。语境具有结构功能，即语境要素在话语单位的生成和使用过程中起着重要作用。语境的结构功能能够支撑形成有别于标准语规范的话语结构并保证其在交际中正常使用。

话语的单位结构包括话语组合和话语聚合，话语单位的组合存在高度紧缩性，这是由话语的经济规律决定的；话语单位的聚合则存在高度的变异性，这是由复杂的外部环境决定的。话语的组合和聚合层面的变化不能完全使用语法规则解释，这种违背语法规则的客观存在之所以能够完成交际的任务、达到交际的目的源于语境在其中的作用。

语境的结构功能指语境的链接功能和论证功能。

1. 语境的链接功能

语言符号具有线性特征，依托语言符号的线性特征，语言符号可以组成词语、词组和句子。语言符号之间的组合条件是语言中已然存在的各项结构规则。在语言经济规律的作用下，话语单位的组合结构会出现高度紧缩性，话语单位的组合链上往往会出现脱落和断裂。而语境则具有较强的话语链接功能，在语境中可以话语结构表层的缺损进行链接和弥补。

2. 语境的论证功能

语言符号通常根据语言单位的分类和变化规则进行聚合。从理论上来讲，语言语法单位的分类和变化并非是无限的，而是有限的，有章可循的，然而，在实际交际中，话语结构的聚合层面存在高度的变异性，并非语法规则可以约束。语境却可以消除话语结构规则与不规则之间的裂痕，从而对话语的聚合方式进行论证。

综上所述，语境要素的链接功能和论证功能能够弥补话语单位结构组成的不足和话语聚合方面的异动，赋予语境鲜明的结构功能。

（二）语境的语义功能

语境与语义之间存在着极其紧密的关系，语境能够促使话语产生话语意义，关于语境的语义功能将在第三节进行详细分析，这里不再赘述。

（三）语境的文化功能

语言是文化的载体，而文化则是语言形成、发展、变革中不可或缺的影响因素。语境具有文化功能，能够促进文化语境的生成。文化语境是言语交际活动中重要的语言参照物，具有强制性、群体性和时代性的特点。

（四）语境的语用功能

语用是一种言语活动，是交际双方在一定语境是中运用语言进行表达和理解的活动。语用学是语言学的一个独立研究分支，是一门新兴的语言学科，语境与语用之间的关系极为密切。

"语用"一词，最早由美国当代著名的语言哲学家和符号学家莫里斯（Morris）在其著作《符号学理论基础》（Foundation of the Theory of Signs）中提出。

表 2-6 语用概念一览表

序号	学者	定义
1	莫里斯	莫里斯对"语用学"的定义的阐释经历了一个逐渐完善、丰富的过程 1. 语用学是研究符号和符号解释者之间的关系① 2. 语用学是研究符号和符号使用者之间的关系② 3. 语用学是符号学的一部分,它研究符号的来源、应用及其在行为中出现时所产生的作用或效果③
2	索振羽	(1)"语用学是对说明为什么某一组句子是不规则的或者某些话语是不可能的那些规则的研究。"这一定义中指出句子和话语的多变性是语用学的研究要素之一 (2)"语用学是从功能的观点,即试图通过涉及非语言的强制和原因来解释语言结构的某些方面来对语言进行研究。"这一定义中强调了语言的功能性 (3)"语用学应该只跟语言的使用原则有关,跟语言结构的描写无任何关系。"这一定义中强调了语言的使用原则,而否认了语言结构与语用的关系 (4)"语用学既包含语言结构的语境依赖的各方面,也包含跟语言结构有关系或很少有关系的语言的运用和理解的各项原则。"这一概念中指出了语境在语用中的重要作用 (5)"语用学是在对一种语言的结构中被语法化或编码的那些语言和语境之间的关系的研究。"这一定义中进一步明确了语用学的研究对象是语言和语境以及语法和编码的关系,冉永平在《新编语用学概论》中指出这一定义窄化了语用学的范围,将其研究范围围于纯语言问题上 (6)"语用学是对所有那些未能纳入予以理论的意义侧面的研究。"这一定义中将语用学的研究对象扩大为语言的意义,然而在实际话语交际中语言的意义受到根据语境、谈话人双方、话语结构等因素的限制,因此,与上一条定义正好相反,这一定义将语用学的范围扩大化了 (7)"语用学是对语言理解所必需的语言和语境之间关系的研究。"这一定义强调了语境要素对在语用学中的重要作用 (8)"语用学是对语言使用者把句子和使这些句子得以合适的语境相匹配的能力的研究。"这一定义中指出了强调了语言使用者对于语言的认知能力、强调了语境对于语言含义的影响,同时强调了语言和语境的匹配性,是得到认同最多的一个定义 (9)"语用学是对指示(至少是其中的一部分)、含义、前提、言语行为及话语结构等各个侧面的研究。"这一定义中指出了语用学研究对象为语义、语境、语言行业和话语结构的关系
3	戚雨村	语用学是研究语言运用及其规则的学科。它从说话者和听话者的角度,把人们使用语言的行为看作受各种社会规则制约的行为,研究特定语境中的特定话语。着重说明语境可能影响话语解释的各个方面,从而建立语用规则

① 何自然. 语用学概论 [M]. 长沙:湖南教育出版社,1988.

② 夏中华. 语用学的发展与现状 [M]. 北京:中国社会科学出版社,2015.

③ 何自然,冉永平. 新编语用学概论 [M]. 北京:北京大学出版社,2009.

续表

序号	学者	定义
4	索振羽	"话语意义的恰当地表达"是指说话人针对不同的语境把自己的意图选用恰当的言语形式表达出来;"话语意义的准确地理解"是指听话人依据说话人已说出来的话语的字面意义和特定环境推导出说话人所说话语的准确含义。"
5	何自然	语用学研究特定情景中的特定话语,特别是不同交际环境中如何理解和运用语言
6	钱冠连	语用学是一种语言功能理论,它研究语言使用人是如何在附着于人的符号束、语境和智力的参与和干涉之下对多于话面(字面)的含义作出解释的

语用学中的语境包括多重含义。"言谈现场",也叫作话语的物理语境,这一语境中包括说话者和受话者双方,以及当时所处的时空环境。这也是语境中的"第一现象",只有充分地理解言谈现场中说话人、受话人以及言谈空间的关联性才能准确地传递与理解信息。

例如,《三国演义》中曹操"宁叫天下人负我,不叫我负天下人"的行为,最初源于曹操对语境话语含义的误解。曹操刺杀权臣董卓失败后,连夜逃亡到其父好友吕伯奢的家中,作为随时会被发现举报的逃亡之人,曹操的身心处于高度紧张之中。此时,曹操偶然听到后堂有人商议事情,其中一人道:"缚而杀之,何如?"说话人在说此话时,面对的是后堂上绑缚的肥猪,而曹操作为间接受话人,并未看到后堂上的猪,又恰好正处于时刻提防被人举报的境地,于是听到这句话后产生误解,误杀了想要杀猪款待自己的吕伯奢一家。这句话中的物理语境在整个话语理解中起了关键性的作用。

语境还包括话语语境。简单来说即为上下文语境,或一个连贯的言语事件中的前后话语,此时,作为说话人与受话人均已知的事实,在谈话中经常以代词指代。

语境与语用之间存在密不可分的关系。语境是语用研究的基础,脱离了语境谈语用,没有任何意义。在实际言语交际中,语境能够对词语或句子的语用意义产生限制、变更、明确、填补等影响，这一点将在下节进行详细分析，这里不再赘述。

第三节　语境与语义

汉语是人类交际工具，语境对语言的意义具有极大的影响，两者之间存在极其紧密的关系。语境和语义之间存在相互依赖、相互制约，共同作用的关系。本节主要对语境与语义的关系进行研究。

一、语境与语义的关系

语义是指语言的意义。本书所指的语义，既包括语言的本来意义，也包括语言的语用意义。语境与语义之间存在相辅相成，密不可分的关系。语境对语义存在显示和延伸功能，而语义则对语境具有依赖作用。

（一）语境对语义具有显示作用

语境能够帮助人们正确地理解语义，对语义具有制约或显示的作用。语境对语义的显示作用主要体现在消除语言歧义、减少语义模糊、确定代词所指和完善省略意义等方面。

1. 消除语言歧义

在交际环境中，人们的话语可能会产生歧义，然而，结合具体的语境能够消除语言歧义。

2. 减少语义模糊

在交际环境中，由于一些词语和句法结构本身带有一定的模糊性，在此在表达中易出现语义模糊的现象，结合具体的语境则能够减少语义模糊。

3. 确定代词所指

在交际环境中，人们通常会使用代词来的指代交际中涉及的人或事物，如果不结合具体的语境很难弄清楚代词所指的具体人或人物。相反，如果结合具体语境，则能够较为精准地理解代词所指。

4. 完善省略意义

在交际环境中，人们通常会有对交际中双方均了解的事物进行省略，这些省略的内容所代表的意义，只有在具体的语境下才能够显现。

（二）语境对语义具有延伸作用

现实社会中，许多事物的形态、功能，以及动态等方面存在诸多相似之处，在言语交际中，人们通常会使用语言对事物进行描述。通常而言，语言的语义具有特指性。而结合具体的语境，则会赋予语义延伸作用。

1. 语境能够赋予语义言外之意

在交际环境中，人们除了直接表达自己的真实意图之外，通常还会使用委婉、曲折、含蓄的方式间接传达自己的想法，借助其他事物表达自己的真实意图，在这种情况下，语境通常能够赋予语义特殊的言外之意。

2. 语境能够赋予语义相反的意思

在交际环境中，人们所表达的语义，有时并非词语的字面意思，或固有语义。语境对语义具有限制作用，而在具体语境中，交际者可以通过使用反语、讽刺、幽默等手法表达与词语字面语义相反的意思。

3. 语境能够创造歧义

在交际环境中，语境不仅能够消除歧义，还能够创造歧义。语境之所以能够创造歧义是由于在同一语境中进行交际的参与者各自对语境知识的了解不同，因而对语境中所表达的语义产生了一定差异。

4. 语境能够引发联想意义

语境所包含的因素具有较强的复杂性，在语境的影响下，有限的话语形式往往能够表达无限的思想和含义。交际双方在交际过程中，受语境的影响，由于交际者自身主观语境的差异，交际双方对话语产生的联想也不尽相同。

（三）语境对语义具有取舍作用

语言具有较强的意义潜势，同一个语言表达方式包含着多重语义，然而在具体的语境中，最终确定的语义只有一个。从这一视角来看，语境对语义取有取舍作用。

（四）语境对语义具有限制作用

语境对语言交际的制约功能，往往因对语言所关注的角度不同，而具有不同的语言学意义。无论是语词还是句子、语段、语篇，只有在特定的语境或者说语义环境下，才不会造成语义歧解，其语义才是确定的。如果脱离语境、语词等语言单项的语义就不具有确定性。在这里语境实质上就是语义环境。

汉语中存在大量多义词和多义句。一个多义词和多义句甚至拥有几种或十几种含义，如果不能结合具体语境，人们很难对词语或句子的意思进行取舍。然而，只要结合具体的语境，该词语一般不会产生歧义，这是因为具体的语言环境把这个多义词的其他讲不通的含义都排除了。

1. 语境有助于义项定位

词的多义现象使得语言可以用较少的词语表达较多的意思，然而在实际运用中，这种现象给阅读带来的不便也是不容忽视的。面对众多的义项选择，其中一个有效的途径就是分析语境。

结合语境可以消除歧义。同样的情况还适用于语句，不同的语境会帮助我们确定语句的真实含义。"教师去讲课"和"学生去听课"都可以表达为"去上课"，同样，医生与病人都可能会说"去看病"，但意思是不一样的。在书面上看就成了歧义句，但是在交际过程中，对说话人的地位、处境等语境的了解就会帮助我们做出正确的判断。

2. 语境使概括意义具体化

词义有概括性，通常都指整类事物或现象，如果放在具体的语境中就会明确它到底是指整类事物中的某些个还是某一个个体。例如，"鱼"本身可能指河里、海里的任何一种鱼。然而如果根据语境，妈妈说："小明前些天嚷着吃鲤鱼，我今天晚上早点回来炖鱼"那么这里的"鱼"指的就是鲤鱼。

3. 语境可以增加临时性意义

有些词出现在一定语境中的时候，词义中增添了一些新的义素。例如，仍以上文中的"鱼"为例，我们知道"鱼"有活鱼，也有死鱼。例如，"他们正在观赏鱼。"这句话中提到的鱼一定是活的，因此这句话中暗含了"活鱼"义素；又如"他们在吃妈妈炖的鱼"这句话中暗含了"死鱼"的义素。这些义素是通过不同的语境中赋予的。

4. 语境可以改变语义的色彩

色彩义是指附着在词的理性意义上的表达人或语境所赋予的特定感受。有的词汇可以为褒义词，也可以为贬义词，通过具体的语境可以确定词语的感情色彩。

例如，朱自清在《背影》中有一句话："唉，我现在想想，那时真是太聪明了！"

"聪明"一词是褒义词，赞扬人具有聪明才智，然而在《背影》一文中，"聪明"指的是"我"没有感受到父亲浓浓的爱意和不舍，是在"自作聪明"，因此可知其是贬义词。"聪明"一词从具有褒义色彩的词汇，成为一个具有贬义色彩的词汇。

又如，茹志鹃在《百合花》中写道"我从心底爱上了这傻乎乎的小同乡了"。这句话中"傻乎乎"本来是个贬义词，指缺乏变通，然而结合具体的语境，作者则将这个词语用作褒义词，指憨厚老实，含有较强的褒义色彩。

二、语境对语义的影响

语境对语意的影响主要是通过上下文、特定场合、特定文化、特定时空的组合对词义的影响产生的。

1. 上下文对语义的影响

这里的上下文，可以是具体篇章的上下文，也可以是交谈过程中的上下文。任何语词和语句的使用，都得受其所处言语链条前后环节（即言内语境）所形成的语义氛围的制约，并据此获得确切的解释。这点，我国古代文论和现代心理学界均已注意到了。

我国南朝刘勰所著《文心雕龙》章句篇关于"字、句、章、篇"内在联系的论述就很到位，文中说道："人之立言，因字而生句，积句而为章，积章而成篇。篇之彪炳，章无疵也；章之明靡，句无玷也；句之清英，字不妄也；振本而末从，知一而万毕。"

这段话点明了人们藉由文字往来的途径：从最小的单位——字，串连为句、为章、为篇，环环相扣，间不容发。由字到篇，这里除了辨析其先后次序外，更反复讨论彼此关系的绵密性："篇"想要出彩，有赖于"章"的完美；"章"想要明丽，又需要"句"的清爽；"句"想要秀雅，必推"字"的精确。就像贾岛的"推、敲"，仅一个字的差别，就能让句子焕发不一样的光彩。这就体现了文章字、句、章、篇之间的关系紧密。

句子的上下文所提示的内容就是一种语义情境，它会影响理解的方向和深度。同样一句话，孤立地听或读时，可能不解其意，或者意义显得含混或模棱；但将它纳入一定的上下文中，就易于明白地理解它的确定含义。人们阅读书面材料时，遇到某句看不懂时，往往要来回阅读上下文，从上下文中寻找帮助理解这句话的线索。上下文的语义情境仿佛以某种方式限制着听者或读者所可能接受的语意范围，从而在一定程度上规定了理解的方向。

2. 特定场合对语义的影响

我们说的话都是在一定的场合说的，在不同的场合所说的同一句话，可能有不同的含义。

例如"我都 20 多岁了。"

如果在别人表扬你懂事的时候，你回答这句话，意思是你已经 20 多岁了，懂事是应该的。如果在别人说你样子很显小，像个中学生似的，你回答这句话，意思是你不像你看上去的那么小，你的实际年龄是 20 多岁。

又如一对父子之间的交谈，当儿子告知这次高考情况后，父亲脱口而出："真有出息！"如果成绩是好的，这句话可以是肯定、赞许；如果成绩是差的，这句话也可以是批评、责骂。

3. 特定文化风俗对语义的影响

中西方的文化差异比较大，同样的词语却有着不同的意义。例如狗，在中国，含有"狗"字的词语一般都是贬义，如狐朋狗友，丧门犬，狗尾续貂，鸡鸣狗盗等等。而在西方，含有 dog 的一般都是褒义，如 lucky dog，clever dog，Every dog has his day 等等。再比如，汉语中"龙"这个词，从概念上讲，指称的是传说中的一种具有神奇力量的动物。在中国历史上，"龙"曾经是七八千年前的远古图腾，是被人们崇拜的神灵之物。许多民族把龙作为自己先祖的化身。在中国人的日常生活中，龙始终是高贵、有力的象征。所以，"龙腾虎跃""龙凤呈祥""虎踞龙盘""生龙活虎""望子成龙""藏龙卧虎"等成语，就成了人们常说的褒义词。但在西方神话传说中，龙是性情凶残的怪物。在中世纪，龙是罪恶的象征。

4. 特定时空对语义的影响

词语的含义也不是一成不变的，一个词语在历经时代变迁、社会变革、科技的发展以后往往会获得某些特殊的含义，体现一定的时代特色。如"同志"一词，在我国古代，是朋友之间的称呼。建党初期"同志"一词来源于苏联，意思是拥有共同志向的人，被广泛用作陌生人之间打招呼。可是到了 20 世纪 90 年代，中国同性恋开始用"同志"互相称呼。知道这种演变之后，人们在使用时就要慎之又慎了。

阅读古代文学作品、历史书籍，阅读过期的报纸杂志，同样需要语境知觉，特别是对话语所产生的原始语境信息的知觉。因为话语理解所处的语境已经与话语所产生的原始语境有很大差异，而且历时话语还涉及语言的变化。如果理解者以现实的语境作为理解历时话语的参照系，那势必会导致对话语的误解。

现代作家刘半农曾作过一首《情歌》（后来改名为《教我如何不想她》），全诗以优美抒情的笔调，反复咏唱了"我"对"她"的思念和向往，情真意切，令人难以忘怀。这深切的情意很容易让人联想到生离死别的恋人，"她"很容易被理解为"我"的情人或者恋人。

而实际上，这首诗是诗人留学欧洲时写的一首思念祖国的诗。诗中的"她"就是诗人的祖国。全诗表达了海外游子思念家乡、思念祖国的赤子情怀。

然而，如果读者不了解这首诗的创作背景，则往往会将这首诗误解为一首情诗。其原因在于读者对诗人及其写诗的原始语境不了解，因此使得句子中的词语产生了歧义，进而影响读者对整首诗歌的理解。

由此可见，离开了原始语境，话语的意义就会产生偏离。如果要把握语境的真实信息，就必须把话语放置在其所产生的原始背景中进行解析、认知和评价。

第三章　汉语中逻辑运用与语境表达的理论基础

第一节　言语行为理论

语言是人类的重要交际工具，具有交际功能，而语言的交际功能只有通过人们的言语行为才能得以实现。言语行为理论是语言学的重要理论之一，本节主要对言语行为理论进行研究。

一、语言与言语

言语行为理论是语言学的重要理论之一，在对言语行为理论进行分析之前，首先应明确语言与言语之间的区别。

语言是人类独有的现象，瑞士语言学家弗迪南·德·索绪尔（Ferdinand de Saussure）将语言现象划分为语言和言语两个维度①。

索绪尔在进行语言学研究时，为解决"语言学既完整又具体的对象是什么"这一问题，提出了"语言"和"言语"的概念，要研究语言学，第一步要把语言和言语区分开。"语言"和"言语"问题之所以如此重要，

①（瑞士）费尔迪南·德·索绪尔. 普通语言学教程 纪念版［M］. 高名凯，译. 北京：商务印书馆，2017：25.

亦因为它在现代语言学中，不仅是最重要的方法论原则之一，也是科学语言观的一个重要组成部分。只有弄清语言和言语的关系，才能更好地研究语言。

（一）"语言"和"言语"的概念

"语言"是人类特有的一种符号系统，是以语音为物质外壳、以语义为意义内容的词汇材料和语法组织规律的体系[①]。

当作用于人与人的关系时，它是表达相互反应的中介，例如："早上好！""你说的有道理。"当作用于人和客观世界的关系时，它是认知事物的工具，像概括与分类、假设与结论等；当作用于文化的时候，它是文化信息的载体和容器，如讲演、著作、信息库等等。语言是一种社会现象，是人类最重要的交际工具，是人们之间沟通的方式，或者说是人们进行沟通的一种表达手段。

"言语"是人们所说的话的总和，是人类通过高级结构化的声音组合，或者通过书定符号、手势等构成的一种符号系统来交流思想的行为。其中包括：以说话人的意志为转移的个人组合。实现这些组合所必需的同样是与意志有关的发音行为。言语是个人的意志和智力行为；（a）以说话人的意志为转移的个人的组合；（b）实现这些组合所必需的同样是与意志有关的发音行为。所以在言语中没有任何东西是集体的，它的表现是个人的和暂时的[②]。言语活动有个人的一面，也有社会的一面；它既包括一个已定的系统，又包含一种演变。

语言的特点：语言具有能产性、结构性、意义性和社会性等基本特征。

---

① （瑞士）费尔迪南·德·索绪尔. 普通语言学教程 纪念版 [M]. 高名凯，译. 北京：商务印书馆，2017：22.

② （瑞士）费尔迪南·德·索绪尔. 普通语言学教程 纪念版 [M]. 高名凯，译. 北京：商务印书馆，2017：28-29.

语言的能产性包含两方面的意思，一方面是指每一种语言都能够产生无数种各不相同的句子，它能产生出的新句子数没有一个固定的上限；另一方面是指同样的观点或思想可以用任何一种语言来表述[①]。例如，可以用汉语表达的思想，也可以用英语等表述。

语言的结构性。语言的结构性是指每一种语言都是受规则支配的。说同一种语言的人们都是以相同的语言规则而不是以偶然的方式来说话的[②]。例如，这是一棵树，一棵树是这。

语言的意义性，语言中的每个词都有一定的含义，通过语言交际就是要把这种意义传达给他人[③]。语言的意义不仅决定于单个词的意义，而且决定于词与词的关系，即句子中词的组合关系。这种意义性使人们能借助语言互相理解和互相交流。语义是约定俗成的。

语言的社会性。语言是社会中产生的，它只能在社会中生存和发展。语言是一种社会现象，它是作为人们的交际、交流思想的工具而服务于社会的。

（二）语言和言语的区别

语言是全民的、概括的、有限的、静态的系统（知识）；言语是个人的、具体的、无限的、动态的现象（话语）[④]。具体地说：两者有以下几种区别。

1. 语言具有全民性，言语具有个人性

语言既然是存在于全体社会成员之中的相对完整的抽象符号系统，它对于社会成员来说就是全民的，无论是从语言的创造者、使用者，还

① 姚本先. 心理学 [M]. 合肥：安徽大学出版社，2003：119.

② 姚本先. 心理学 [M]. 合肥：安徽大学出版社，2003：119.

③ 姚本先. 心理学 [M]. 合肥：安徽大学出版社，2003：119.

④ 姚本先. 心理学 [M]. 合肥：安徽大学出版社，2003：220-221.

是语言本身，语言都具有全民性。而言语则具有个人性，每个人说话都带有许多个人的特点，如地域、性别、年龄、文化素养、社会地位等，言语是个人对语言形式和规则的具体运用。

2. 语言是抽象的，言语是具体的

语言是对同一集团所有人所说的话的抽象，它排除了一切个体差异，它只有作为语言而存在的共性。言语是运用语言的过程和结果，因此，人们只能直接观察到言语（外部言语），语言学家只能对大量的言语素材进行抽象概括，才会从中发现语言的各种单位和规则。如前所说，人们对于语言的认识通常是从语言的具体现象开始的，人们所说的话都是具体的，或通过听觉或通过视觉，言语常常带有具体的特点。

3. 语言是有限的，言语是无限的

世界上没有两个人说话会完全一样，但是没有一个人能脱离共同的语言规则而达到交流。言语就是说话，是一种行为动作及其结果，一个人一生中究竟要说多少话，要写多少东西，这是无法计算的。任何一种语言的句子是无限的，每个人根据交际需要说出的话语的内容是纷繁芜杂、各种各样的。但是，就某一语言而言，所能资以辨别的语音是有限的，词的数量和构词规则是有限的，组词造句的规则也是有限的。在无限的句子中包含着有限的东西：不同的句子中所包含的词是有限的，每一个词像机器的零件一样可以卸下来，装上去，反复使用，因而同一个词可以和不同的词组合，构成不同的句子；而组织这些材料的规则也是有限的。这就告诉人们，我们人类每天面对的这些具体的无限的说话和说出来的话，就是言语；一定的社会集团从这些具体的、无限的言语事实中概括出来的一些抽象的、有限的系统，就是语言。所以，语言是一个有限语言单位的集合，这些有限的语言单位都是按照一定规则组织成一个系统，音义结合的词汇系统和语法系统，人们的一切言语活动在这

个系统中运行。而在具体的言语活动中，作为一个行为过程，人们所能说出的话语是无限的，每句话语的长短在理论上也应该是无限的，任何一句话都可以追加成分而使它变得更长。利用有限的符号及其规则说出无限的话来，这是言语活动的特点。

4. 语言是静态的，言语是动态的

在人们运用语言的活动中，就人们运用的语言而言，语言的规则都是现存的，约定的，不允许处于经常的变动之中，这是言语活动得以进行的前提和基础，否则人类就无法交际，无法组织社会。因而语言在一定时期内处于静止状态。当然，随着社会的变化，语言的发展，语言也会出现适应性变化。所以，语言的静止是相对的，静中有动。而言语就不同了。言语活动总是在说话人和听话人之间展开，从说到听是一个动态的过程。有研究表明，言语交际的过程也就是信息传递的过程。在这个过程中，语言充当信息传递的代码。说话人通过语言来发送信息，听话人通过语言来接收信息，其间经历编码、发送、传递、接收、解码几个连续衔接的过程。

（三）语言和言语相互依存和补充

人类的"语言"产生于"言语"之中，语言符号是从"言语现象"中总结和归纳出来的，语言和言语之间存在密不可分的关系，如果没有言语则不可能有语言。语言和言语是静态和动态的联系，概括和具体的联系，系统和形式（现象）的联系。"语言"和"言语"的关系，就像"人"和"张三、李四"的关系。"人"是对"张三、李四"的抽象，我们说"人"有头、身躯、四肢，还有大脑、心脏，"人"能思考、有创造力等等，这些都是对"张三、李四"的特点的抽象。我们能看到的只能是"张三、李四"等一个个具体的人，谁也看不到抽象的"人"。

语言和言语的关系也是这样，我们听到的只能是人们嘴里说出来的一句一句的话，看到的也只能是书面上写着的一句一句的话。口头上说的话和书面上写的话都是"言语"。"语言"存在于"言语"中，它本身是看不见、听不到的，人们听到和看到的只是它的表现形式"言语"。这就是说：语言存在于言语之中。语言源于言语，语言的生命在于广大社会成员的运用，不被运用的语言就没有生命力。因此，语言就存在于你、我、他、我们大家的话语中。因为语言的表现形式是言语，我们只有通过言语才能认识语言和学会语言。无论是研究语言，还是学习和讲授语言，都必须以言语为对象，从言语入手。

言语依赖于语言。言语要被人所理解，并产生它的一切效果，必须有语言，有全社会共同的语言作基础，达成语言的共识，才能进行交际。语言作用于言语，在实际的交际中，表现得很明显。每个人说话可以是千差万别的，但是每个人都必须遵守共同的规则，否则人们就无法交际。语言对言语有着强制性的规范作用。

区分语言和言语，有助于明确语言研究的对象和范围，还具有一般科学方法论的价值，"因为它阐明了任何科学程序所必需的抽象过程"。

二、言语行为理论的发展

言语交际是人类的一种社会行为，因此可以从社会交际视角对语言意义进行关注，即为言语行为研究。言语行为理论是由语言学家约翰·郎肖·奥斯汀（John Langshaw Austin）于 20 世纪 50 年代提出的。奥斯汀指出，语言不仅可以传递信息、指称事物，还能够"以言行事"，即表达说话人的某种意图，如请求、承诺、规劝、威胁、批评、赞许等多种言语行为。

20 世纪 70 年代，奥斯汀的学生塞尔（Searle）进一步完善了其言语行为的理论提出了间接言语行为（Indirect Speech Act）的理论，强调在交际活动中，人们虽然用言语表达了某种意义，但是在字面之下还隐含着其他意义，如果只从言语的表面去理解难以直接、清晰地理解说话人想要表达的意义。任何话语均带有言外之力的特征，包子包含命题显示项和功能显示项两部分。施事行为或说话用意即为句子意义的功能。不同的话语可用来表达相同的命题，但可具有不同的言外之力。话语的话面意义和言外之力属于同一个事物的两个方面。在对言语进行分析时，可以将一句话语分析成同时实施发话行为、命题内容行为、施事行为和取效行为。

塞尔的言语行为理论对后来者的研究有着极其深远的影响，本书在这里主要对奥斯汀和塞尔等人的言语行为理论进行概括和分析。

表 3-1　言语行为理论的主要观点一览表

学者	观点
奥斯汀的言语行为理论	1. 话语可以划分为两种类型，即言有所述和言有所为，在用话语完成某一行为时，需要一些适切性条件施为句
	2. 施为句可以划分为显性施为句和隐性施为句
	3. 言语即行为
	4. 言语行为三分说，言语行为可以划分为言内行为、言外行为、言后行为，言内行为，是指说话人运用语言结构规则说出有意义的话语的行为；言外行为是指说话人的话语要达到的目的和意图；言后行为是说话人说出话语后达到的结果
	5. 施事行为的分类：评判行为类、施权行为类、承诺行为类、表态行为类、论理行为类
塞尔的言语行为理论	1. 语言交际的最小单位不是单词和句子，而是言语行为，言语行为中的言内行为和言外行为不能截然分开
	2. 一句话语可以分析成实施发话行为、命题内容行为、施事行为、取效行为
	3. 在言语行为中，施事行为由四条规则构成，分别为： （1）命题内容规则：规定话语的命题内容部分的意义 （2）先决条件规则：规定实施施事行为的先决条件 （3）真诚条件规则：规定保证施事行为真诚地得到实施的条件 （4）基本条件规则：规定施事行为按照规约当作某一目的条件
	4. 施事行为的分类：断言行为、指令行为、承诺行为、表达行为、宣告行为
	5. 间接言语行为，指一种施事行为通过另一种施事行为的执行而被表达出来
	6. 言语行为可以划分为阐述性言语行为、指令性言语行为、承诺性言语行为、表达性言语行为、宣告性言语行为五种类型

续表

学者	观点
利奇的言语行为理论	1. 语力即是话语的意义，又称为语用力量
	2. 言语行为不存在直接言语行为和间接言语行为的区别，所有的言语行为均是间接言语行为，其语力是由话语的含义衍生出来的
	3. 言语行为中讲话者与听话者共同参与言语行为，两者的角色同等重要
	4. 言语行为可以划分为四种类型，即竞争类行为、欢乐类行为、合作类行为和冲突类行为
梅伊的言语行为理论	1. 将言主行为放在语用行为的层面进行讨论，语用行为是语境化的适应性交际活动
	2. 语用行为涉及行为主体和行为本身
	3. 语用行为是语境化的适应性交际活动，言语行为以及一切使自己适应语境或使语境适应自己的交际性活动均可以概括为语用行为
斯威彻尔的言语行为理论	1. 从隐喻的角度来看，言语行为和心理状态都可以被看作是在空间里的旅行
	2. 从隐喻的角度来看，言语行为还可以被看作是一个讲话者将物体传给另外一个讲话者，或者讲话者之间进行的物体交换；被传送或交换的物体具有语言的形式，是意义的容器。当言语行为被看作是一种物体的交换时，就可以用"管道隐喻"来分析了
	3. 言语行为中含有和社会物理力量相似的力量。我们说言语行为具有非语言行为那样的致使效果,在很大程度上是因为我们可以使用言语行为而不是其他行为来达到许多社会目的
	4. 从现实世界和知性世界的角度来看言语行为，可以将言语行为看作是一个认知域，把现实世界也看作是一个认知域；在言语行为这个领域里，讲话者认为自己既可以塑造世界，也可以对世界进行描述

　　由表 3-1 的言语行为理论的观点可以看出，在奥斯汀提出言语行为理论之后，塞尔等学者继其之后，对言语行为理论进行了不断完善。

三、言语行为理论的特征

　　言语行为理论的具有主体性、目的性、施为性、互动性、可塑性、差异性、语境依赖性七个特征。

（一）言语行为理论的主体性特征

言语行为理论的主体性是言语活动主体区别于言语活动客体的特殊性，是言语活动主体在与言语活动客体的相互作用中表现出来的功能特性。言语行为理论的主体性是言语行为的基本性质。在言语行为中，言语行为的主体性主要表现在言语行为双方对所说话语及其言语语境等的认知、分析、理解与反应，涉及话语的形式结构、指称与意义、功能等的解析与判断。

（二）言语行为理论的目的性特征

言语行为的目的是提高语言运用的效果，语言运用的效果一方面表现为用词的华丽与动听，另一方面则主要表现为用词的得体与真切，即与言语行为的语境相适应，并能够真实而准确地再现语言表达对象的特征与本质。

（三）言语行为理论的施为性特征

从言语行为理论的视角来看，话语包含两种不同意义，即命题意义和施为性意义。其中，命题意义又称为表述意义，施为性意义又称为施为力。通常而言，言语行为是指既有命题意义又有施为力的话语，同时具备这两种意义的话语即可称之为言语行为。相反，如果缺乏了这两种意义中的一方，均不能称为言语行为。

（四）言语行为理论的互动性特征

言语行为理论的互动性特征是指说话者需要和别的该语言使用者处于互动状态才能完成交际功能，即必须在言语上"你来我往"才能保证说话者话语中社会功能的传递。在有些场合互动性比其他场合更明显。简而言之，互动性指一个圆满的言语行为取决于说话双方的共同努力。

言语行为理论包括讲话者和听话者两个角色，讲话者和听话者双方言语互动才能完成话语的交际。因此，从这一视角来看，言语行为理论具有互动性特征。

（五）言语行为理论的可塑性特征

言语行为作为的人的行为的一种类型，具有较强的可塑性。言语行为的可塑性表现在为了达到语用目的，可以变换语码。

语码选择是交际者在特定语境中为了达成交际目的而选择的语码，利用语码可以构建有利于自己的语境，掌握和控制交际的方向。

（六）言语行为理论的差异性特征

人与人之间的思想性格、生活经历、知识经验等方面均存在较大差异，因此，人与人之间的言语行为也存在较大的差异性特征。

（七）言语行为理论的语境依赖性特征

语境依赖性又可分两个部分：一是许多言语行为都是由所在社会的习俗支撑的，其中有一些依赖性非常明显，即某一行为必须由有关人士在恰当场合才能完成。

其他言语行为也同样受制于社会习俗。比如称呼一个人时要受制于话语双方的年龄、性别、社会地位等，称一个人"王老"是因为他年龄较大，且又德高望重；"老王"则表示说话双方的各方面情况差不多；"小王"凸显说话双方的年龄差距；"王铁头""王长手"等则显示双方的亲密关系；"王处长""王叔叔""王老板"等都无不彰显人们在称呼时对各种社会因素的考量。提问、问好等常见言语行为也是如此。

语境依赖性的另一个方面是依赖话语发生当时当地的具体语境。同一个话语在不同语境（场合）可以有不同的言语行为。

四、言语行为理论的规律与原则

言语行为理论是在言语活动中生成的客观规律，并在言语活动中进行实践和检验。言语行为活动的规律是人们在长期运用语言的基础上，自然形成并被遵循的规律。

（一）言语行为理论的规律

言语行为理论的规律可以概括为组织话语的规律、言语目的与言语策略相适应的规律、切合语境的规律。

1. 组织话语的规律

言语行为活动中，说话者在进行语言表达之前，需要先对语言进行编码，再将语言编码转化为词语和句子表达出来，赋予话语意义，并派给听话者。这一环节的实施，需要受组织话语规律的制约。一般而言，组织话语规律主要表现在以下两个方面。

（1）按照语言体系规则组织话语

世界上存在多种不同语言，每种语言均有其独立的语音、词语、语法规范。言语行为活动者，交际双方在进行交际之前，应当先确定所使用的语言，再按照一定的语言体系规则，即遵循特定语言系统的语音、词语和语法规范组织话语。否则，如果不能按照一定的语言体系规则组织话语，则交际双方在进行语言编码和解码时可能会出现错误，导致信息传输之路阻塞，最终引发交际活动的失败。

（2）选择恰当的词语、句式和组织形式进行表达

在言语行为活动中，交际双方确定交际语言后，还应当选择恰当的词语、句式和组织形式进行语言表达，以便清晰、明确地传达信息。

1）选择恰当的词语

言语行为活动，交际双方进行信息交流时，可以任意选择词语，所选择的词语应当既能表达说话者的意思，又利于听话者理解，此外，还能够表达说话者表面信息之外的隐含信息。在言语行为活动中，交际双方应当选择恰当的词语进行表达，才符合组织话语的规律。

以汉语同义词为例。

汉语中存在大量的同义词，表达相同意思的不同词语能够表达不同的色彩意义，包括语体色彩、情感色彩、角色对象、形象色彩、地域色彩、时代色彩等。

例如，"好看——漂亮"作为一组同义词语，两者所表达的意义基本相同，然而"好看"多用于口语表达，具有口语语体色彩；"漂亮"则多用于书面表达，具有书面语语体色彩。

又如，"雹子——冰雹"作为一组同义词语，均指一种特殊的天气现象。在言语表达中，"雹子"多用于口语表达，具有口语语体色彩；"冰雹"多用于书面表达，具有书面语体色彩。

又如，"同舟共济——狼狈为奸"作为一组同义词语，均具有共同协作之意，其中"同舟共济"具有褒义色彩，而"狼狈为奸"则具有贬义色彩。

又如，方便面、旅游鞋、脱产、拆迁、菜篮子、倒爷、面包车等词语均是伴随着某一时代的社会变迁而出现的词语，具有强烈的时代色彩。

2）选择恰当的句式

汉语的句式资源十分丰富，根据不同视角和条件，汉语句式可以划分为不同类别的句式，在言语交际活动中，说话者和听话者应当根据具体语境的表达需要选择恰当的句式。

3）选择恰当的篇章组织方式

汉语的词语和句子按照一定方式组织起来的即成为篇章，表达一定的语意。只有将汉语篇章根据一定的规律组织起来，才能实现篇章的正确编码，才能成功地实施言语行为。

2. 言语目的与言语策略相适应的规律

交际双方在进行言语交际活动时，均抱有某种目的动机，或为告知，或为询问，或为诉说，或为请求，或为威胁，或为说服，或为发泄，等等。而要实现交际双方的言语目的，完成交际任务，必须考虑以恰当的言语策略作为支撑。在言语行为活动中，言语策略并不是单一的，而是呈现出多元化的特点，存在多种选择空间和回旋余地。言语策略的选择与言语目的息息相关，从这一视角来看，言语目的和言语相适应的规律是言语行为理论规律的重要组成部分。

（1）直言不讳的言语策略

直言不讳的言语策略是指在言语交际活动中，直截了当地表达言语目的与意图。直言不讳的言语策略是应当有着特定的言语前提，即交际双方均对所交流的"话题"有一定的共知性，否则可能产生交际一方直截了当，而另一方却不知所云的情况，无法达成言语目的和意图。

此外，在言语活动中，采用直言不讳的言语策略时，交际一方应当对另一方的性格、年龄、性别、阅历等有一定的了解，或在特定的场合下使用，否则可能导致紧张的交际氛围，使交际的一方受到伤害且无法实现交际意图。总之，直言不讳的言语策略在言语交际活动中应当慎重使用。

（2）委婉含蓄的言语策略

委婉含蓄的言语策略是指在言语活动中摒弃直截了当地达成交际目的，而是交际活动中的说话者采用曲折传言、巧妙示意的方式，维护交际活动中听话者的自尊，从而在轻松的交际氛围中达成言语目的，完成交际任务。委婉含蓄的言语策略具体又可划分为侧面迂回式言语策略、言外寓意式言语策略、反面激将式言语策略三种类型。

1）侧面迂回式言语策略

侧面迂回式言语策略是指言语活动中的说话者从与言语目的无关的话题入手，逐渐打开交际局面后，逐渐将话题推进至与言语目的相关的话题，并最终实现言语目的，完成交际任务。

例如，大多数人十分反感推销员，一位推销员在上门推销时，并不直接推销其产品，而是采用侧面迂回式言语策略，了解被推销者对某项生意的兴趣，借助被推销者感兴趣的话题逐渐引导被推销者对其产品的兴趣，进而达到推销产品的言语目的。

2）言外寓意式言语策略

言外寓意式言语策略是指说话者在言语活动中回避与言语目的相关的话题，从不相关的话题表明自己的言语意图，引导听话者了解说话者的言语目的，达成特定的言语效果。

例如，要学松柏千年绿，莫作桃花一时红。这句话表面的意思是表现松柏常年青翠，而桃花一年只开一季的自然规律，实际上在中国传统文化中的"松柏"具有不畏严寒，刚正不阿，独立自持，不被外界动摇本性的特点。结合"松柏"的文化寓意，这句话的本义是教导人们要学习松柏不畏严寒，刚正不阿，独立自持，不被外界动摇本性的精神，而不要三心二意。

3）反面激将式言语策略

反面激将式言语策略是说话者指说话者在言语活动中用与言语目的相反的话语刺激听话者，从而使听话者树立自信，下定决心做成某件事，最终达成言语目的策略。

例如，公元 208 年，曹操亲率二十多万大军南征。江东的孙权摇摆在抗曹与降曹之间摇摆不定。诸葛亮在说服孙权联刘抗曹时使用了激将法："昔田横，齐之壮士耳，犹守义不辱。况刘豫州王室之胄，英才盖世，众士仰慕。——事之不济，此乃天也，又安能屈处人下乎！"这句话触犯了孙权的尊严，导致孙权勃然大怒，但也认清了刘备一方抗曹的决心，最终促进了孙刘联盟的成立，达成了言语目的。

3. 切合语境的规律

语境是语言使用的环境，言语行为与语境之间存在极其密切的联系，任何言语行为均无法脱离语境而存在，只有切合语境规律才能更好地达成言语目的。言语行为切合语境的规律可以从三个方面体现出来。

（1）切合时宜

切合时宜是指言语活动中，交际双方的言语均要注重时间、地点、场景、对象等要素。言语活动中，说话者应当根据不同的场合采取相应的言语策略。例如，新闻发言人在记者会上的发言与其日常交际中的话语有着巨大差别。又如，交际对象的不同，交际者在言语活动中采用的策略也不相同。否则，如果忽视言语活动的场合，则可能导致言语活动的目的无法达成。

（2）切合语体

语体，是人们在长期语用过程中形成的言语功能变体。交际者在言语行为活动中应当根据不同的言语环境选择不同的语体。例如，口语交际与书面写作时的用词存在较大差异。

此外，语体具体又可划分为公文语体、播告语体、文创语体、聊天语体等类型，不同语体的言语风格不同，对交际双方的要求也不尽相同。在言语交际活动中，只有遵循语体规律，切合语体才能更好地达成言语目的。

（3）切合言语风格

言语风格是指言语运用过程中显现出来的气氛与格调，即使用语言的综合特点及个性表现。言语风格存在于具体的语言行为中，通过表达方式、语言结构、个性风格、修辞技巧等表现出来。个人言语风格受民族文化传统、社会地位与职业、文化修养、年龄与性别、交际的主观动机与意图等主观因素和言语活动的地点、时间、对象、内容、交际双方的关系等客观因素的影响。

例如，儿童言语特点为音调一般偏高、语速也较缓慢、常用升调、词语和句子的重复、句子结构简单。成人在与儿童进行言语活动时，应当注重儿童的言语风格，只有切合儿童的言语风格，才能与儿童进行顺畅的交流，从而达到言语目的。

综上所述，在言语行为活动中，交际双方应当遵循一定的言语行为活动规律，唯其如此，才能在言语行为活动中达成言语目的，取得良好的交际效果。

（二）言语行为的原则

言语行为是人类的社会行为之一，是以信息交换为基本内容实现人群互动的一项相当复杂的社会活动。言语行为活动需要遵循一定的规律，此外，还应当遵循一定的原则，具体可以概括为质真原则、适量原则、礼貌原则和变通原则。

1. 质真原则

质真原则是言语行为活动原则中最为根本和重要的准则，其核心是"真诚与真实"，具体可以体现在两个方面，即言说态度的真诚和话语内容的真实。

（1）言说态度的真诚

言说态度的真诚是质真原则的重要方面，言说态度的真诚是话语内容真实的基础。在言语行为活动中，交际双方只有保持真诚的态度，重视交际活动，以达成言语目的为前提，才能遵循言语行为活动的规律，寻求适合的言语策略。

例如，在言语行为活动中，说话者可以选择直言不讳的言语策略，也可以选择委婉含蓄的言语策略，说话者只有保持真诚的言说态度才会根据交际对象、交际环境、言语目的等认真思考言语策略，为达成言语目的而努力。

此外，在言语活动中，说话者的话语内容可能无法得到证实，然而言说态度的真诚与否则是显而易见的。说话者只有保持言说态度的真诚，让听话者感受其诚意，才有可能说服听话者，达成言语目的。

（2）话语内容的真实

话语内容的真实是质真原则的重要方面之一，在言语行为活动中，话语内容的真实是言说态度真诚的结果，同时也是言语目的达成的前提。这里所指的话语内容的真实简而言之即"实话实说"。说话者在言语活动中"实话实说"，才能引导听话者在真实的信息下，做出正确的选择。否则，交际双方在言语活动中不能坚持质真原则，所表达的话语内容为虚假信息，即便当时达成了言语目的，也必将引发一定的恶果。

2. 适量原则

适量原则是指在言语行为活动中，说话者所传达的信息应当适量，围绕言语目的传达信息，而不是漫无目的地传递众多不着边际的信息。言语行为活动中，说话者所传递的信息应当不多也不少，足够听话者做出判断。同时保障听话者所接收的信息不会产生歧义。言语行为的适量原则具体可以划分为不过量准则和足量准则两种表现方式。

（1）不过量准则

如果说话者在言语行为活动中不能坚持适量原则，而是将与言语目的有关或无关的信息统统传递给听话者，则会造成听话者茫然不知说话者的目的，可能会忽略与言语目的相关的重要信息，无法达成言语目的。

例如，小明约小刚周末一起去公园。然而在与小刚交谈时却围绕体育锻炼进行，虽然涉及公园里可以进行体育锻炼的信息，但是没有明确提出约小刚"周末一起去公园"，那么，小刚可能会忽略小明的这一言语目的，而在周末安排其他活动，小明的言语目的就无法达成。

（2）足量准则

足量准则强调在言语行为活动中，说话者所传递的信息量应当充足，同时避免言语晦涩与歧义。否则就会造成听话者难以接受足量的信息，从而造成判断失误，无法达成言语目的。

例如，小明想约小刚周末一起去公园，以此为前提发起言语行为。

小明：小刚，周末一起玩啊。

小刚：好啊，周末一起去体育馆吧。

小明：干嘛去体育馆啊，我想趁着春天多出去走走呢。

小刚：那咱们周末去爬山吧。

小明：爬山多累啊。

小刚：那去植物园吧。

小明：植物园也没意思。

小刚：那你想去哪里啊？

小明：想去能赏花又能看水，还离家近的地方。

在上面这个例子中，小明的目的是"约小刚周末一起去公园"，然而其所传递给小刚的信息，只有"周末一起玩"，缺少了地点，在对话中，也没有明确地指出地点，导致小刚对周末的计划与小明的初衷产生了歧义。这种情况即属于违反了言语行为的足量准则。

3. 礼貌原则

礼貌原则是言语行为的重要原则之一，礼貌原则具体可以通过得体准则、慷慨准则、赞誉准则、谦虚准则、一致准则、同情准则表现出来。

（1）得体准则

得体准则要求在言语行为活动中说话者增加对听话者有益的观点，减少不利于听话者的观点。得体准则主要应用于请求、要求、命令、劝告或提供帮助的言语行为活动中。这些言语行为大多为表示请求和命令的言外行为。

在言语行为活动中，得体准则要求说话者进行言语行为活动时注意时间、场合、交际对象、兼顾规范和制约，以恰到好处的话语达到言语目的。

例如，在言语行为活动中，交际对象不同，说话者的话语组织也不相同。当言语行为对象是同事和朋友时，说话者应当使用较为放松的语言，可以使用一些众所周知的流行词语，以拉近与同事和朋友之间的关系。当言语行为对象是长辈时，应当使用尊称，语言应当尽量规范，以符合长辈的语言表达习惯，表现出长辈的尊重。当言语行为对象是晚辈时，所使用的语言应当符合晚辈的年龄特点，在晚辈面前树立说话者的长辈形象。

又如，中国传统文化强调"谦逊"的美德，在汉语言语行为活动中，说话者和听话者的表达均应兼顾这一美德。如果听到他人称赞时，觉得理所当然，毫不犹豫地接受这一称赞，可能会被言语行为对象误会为狂妄自大。

（2）慷慨准则

慷慨准则指在言语行为活动中尽量减少表达有利于自己的观点，即尽量少让自己受益。

（3）赞誉准则

赞誉准则指在言语行为活动中，增加对别人的赞誉，减少对别人的贬损。

例如，小明在体育运动会上获得了一等奖，小刚获得了二等奖。小刚对小明说："祝贺！实至名归！"小明则对小刚说："谢谢！你也很棒！这次我侥幸胜出，下次咱俩再决胜负！"

上例中，获得第二名的小刚面对第一名的小明，大方地表示了赞誉，用"实至名归"表示对小明实力的赞美。小明用"你也很棒"对小刚表示了赞誉，肯定了小刚的努力和实力。

（4）谦虚准则

谦虚准则指在言语行为活动中，说话人尽量减少对自己的赞誉，尽量增加对自己的贬损。

例如，小明获得体育比赛第一名后，大家纷纷对小明表示祝贺，小明则在发表获奖感言时称："大家都很棒，我是侥幸获胜。"这一获奖感言中肯定和称赞了其他运动员"很棒"，将自己的胜利归为"侥幸"，体现了谦虚准则。

（5）一致准则

一致准则指在言语行为活动中，说话人尽量减少与别人在观点上的不一致，尽量增加与别人在观点上的共同点。

例如，小明：昨天的大雪真大啊，冬天的雪景难得一见，我提议这个周末同学们一起出去郊游。

小刚：小明说得对，冬天的雪景难得一见，我们应当去观赏雪景，不过刚下过雪，郊区的路上泥泞不堪，我们可以先到公园去欣赏雪景。

在这个例子中，小刚认为刚下过雪的路上不是郊游的好时机，但在言语表达中，本着礼貌原则，先赞同小明的前半部分观点，再引导大家选择合适的赏雪地点。

（6）同情准则

同情准则指在言语行为活动中，说话人尽量减少对别人的反感，尽量增加对别人的同情。

例如，大雪天，小明不小心摔了一跤，摔断了腿。小刚听说后，可以表示对小明的慰问和同情，而不能表达幸灾乐祸。

从总体上来看，礼貌原则的六个准则，其核心是"损己利人，以求和谐"，其目的是构建和谐的人际关系以达成言语目的。

除了礼貌原则的准则之外，汉语言语行为活动中还应当特别注重问候语、恭维语和自谦语、禁忌语和委婉语、邀请和致歉语的表达。

（1）问候语

问候语日常生活中，常作为人们增进了解、联络感情不可少缺的纽带，其所起的作用非同一般。汉语问候语一般只有寒暄功能，不传递什么实质性的内容，而是作为言语行为中表达礼貌的重要方式。

汉语问候语根据内容可以划分为直接式问候和间接式问候两种类型。其中，直接式问候即是直接以问好作为问候的内容。例如，"您好""大家好""早上好""下午好""晚上好""过年好""过节好"等。间接式问候语则以某些约定俗成的语句代替直接式问候语，例如"吃了吗？""你早""最近过得怎样""忙什么呢""您去哪里"等。

（2）恭维语和自谦语

礼貌原则包括谦虚准则和赞誉准则。俗话说：良言一句三冬暖，恶语伤人六月寒。恭维和自谦是交际中常用的方式，然而恭维话不能过火，否则会有虚伪、吹拍之嫌。

自古以来，汉语中形成了一套完备的敬辞体系，包括称谓类敬语、表达类敬语两个方面。其中，称谓类敬语包括人称敬语（您好、您几位、您请坐、您稍等、您留步等）；通用敬语（先生、女士、夫人、小姐、同志、师傅等）；亲属敬语（爸爸、妈妈、爷爷、奶奶、姥姥、姥爷、伯父、伯母、姑父、姑母、叔父、婶婶、阿姨、姨父、尊夫人、尊兄、尊嫂、尊堂、令慈、令郎、令姐、令妹、令媛、贤兄、贤弟等）；类亲属敬语（王爷爷、李阿姨、张大爷、吕大姐、马兄、刘婶、老爷爷、老大娘等）；年龄敬语（您老、老人家、老教授、老中医、老工程师、老科学家、老大爷、老大妈、老教师等）；职业敬语（董事长、校长、厂长、排长、部长、厅长、李教授、王总编、张工、吕教练、刘指导等）；外交敬语（总统先生、阁下、先生、女士等）。

汉语中还存在大量自谦语，"哪里、哪里""过奖了""不敢当""差远了""不好""惭愧、惭愧"等词语是中国人用"否认""自贬"表示谦虚的一种方式。

（3）禁忌语和委婉语

禁忌语和委婉语，是在遵循礼貌原则的基础上经过长期的衍化形成的、共同约定俗成的产物，具有广泛的共同性。不同文化、不同社会价值观中的禁忌标准不同，禁忌语和委婉语也各不相同、禁忌语和委婉语的表达方式也不相同。在特定的语言文化中，如果忽视对方的禁忌和委婉习惯以自己民族语言的禁忌和委婉方式去表达，势必会造成种种误解。

例如，中国传统文化中"敬老尊贤"的传统，"老"具有资历深、经验丰富、德高望重之感，汉语中常用"您老""刘老""郭老""老张""老先生""老师傅""老干部""老革命""老教授"等表示尊敬与爱戴，以示亲切、文雅有礼。

（4）邀请和致歉语

中国人的礼貌原则中面对邀请时总是使用"别麻烦了""再说吧""我争取来"等词语，而不是直接明确地答应下来，或干脆拒绝。中国传统文化具有注重礼仪的特点，这一文化价值取向决定了我们在完成"邀请/接受"这一组织活动时，采取的是一种循环式的行为模式，即甲邀请，乙先拒绝，甲再邀请，乙再半推半就地接受。

此外，中国"道歉"文化中关注的重点是曾经做了不应该做的事或者某事应该做却没有做，需要对其进行致歉和弥补。

4. 变通原则

言语行为活动中，除了遵循质真原则、适量原则和礼貌原则之外，还应当充分考虑到言语行为活动的多变性和复杂性，在言语行为活动中还应当遵循变通原则。变通原则可以体现在质真原则变能、适量原则变通、礼貌原则变通三个方面。

（1）质真原则的变通

言语行为活动的质真原则要求交际双方保持真诚的态度和真实的话语，然而在现实生活中，人们出于保护听话者的目的，常在交际中采用

"善意的谎言"。这种善意的谎言多存在于亲人、朋友、医生和患者，组织和个人的言语行为活动中。

例如，患者在承受身体上的痛苦时，往往也承受着精神上的痛苦。一些患者得知身患重疾时，往往会产生消极情绪，甚至放弃和轻生念头，这样的消极情绪不利于患者疾病的治疗。因此，患者亲人在面对患者对病情的询问时，通常会拜托医生采用"善意的谎言"来欺骗患者，使患者保持积极的就医心态。

（2）适量原则的变通

言语行为活动的适量原则要求交际者在信息表达中保持适量，既不繁琐，也不短缺，确保信息传达的正确，避免信息传达的晦涩和歧义。然而，在现实生活中，在具体语境的支撑下，人们可以违反适量原则，达到言语目的。

例如，小明：妈妈，我们周末去公园吗？

妈妈：去。

小明：我能去公园游乐场玩吗？

妈妈：玩。

上例中，小明和妈妈的对话中，妈妈的回答十分简洁，省略了许多句子成分，然而所表达的意思却非常明确。

（3）礼貌原则的变通

言语行为活动的礼貌原则是言语行为的重要原则之一，也是体现个人修养和社会文明的标志。然而，在现实生活中，人们在一些情况下会违反礼貌原则。

综上所述，言语行为理论对语言研究和发展起着重要影响，是语言语用研究的重要内容，在对汉语言逻辑进行分析时，应当充分考虑语言的使用者、语境等因素，以言语行为理论作为基础，才能更好地理解汉语言逻辑在语境中的表达。

第二节　关联理论

关联理论（Relevance Theory）是在心理学、社会学、语言学、认知科学的基础上建立起来的理论，对人类交际中的话语理解过程进行分析与解释。本节主要对关联理论进行详细分析。

一、关联理论的提出及其相关概念

关联理论最早由威尔逊（Deirdre Wilson）和斯波伯（Dan Sperber）两位认知学者于 1986 年提出。

斯珀波和威尔逊在对格赖斯在从人类认知事物的角度提出了"关联理论"，斯珀波和威尔逊指出："定识在语境中的关联程度取决于其语境效果能达到多大限度，以及所需要的心力能控制在多少限度"。他们指出，在交际中存在两个关联原则，一种是认知关联原则（Cognitive Principle of Relevance），即"人的认知倾向于追求最大关联"；另一种是交际关联原则（Communicative Principle of Relevance），即"每一个明示的交际行为都应设想为它本身具有最佳关联性"。

（一）关联

斯珀波和威尔逊在进行关联理论阐释时，提出"关联"这一关键概念。如果并且只有一个假设在一个语境中存在语境效果，那么该假设在这一语境中就是关联的。相反，如果不存在语境效果，那么就不存在关联。语境效果和关联之间存在紧密关系。一个假设所产生的语境效果越强，其关联性越大；其他条件均等，为处理假设所付出的经历越大，其关联就越小。由此可见，关联大小和关联程度受语境效果及经历所制约。

斯珀波和威尔逊为了更好地阐释关联程度和语境效果之间的关系，指出了两个比较性概念。

程度条件一：一个假设在某语境中关联时，在该语境这一假设的语境效果大。

程度条件二：一个假设在某语境中关联时，在该语境中处理这一假设所需的精力小。

这两个比较性概念对关联的充分条件和必要条件进行了详细规定。

（二）语境效果

关联与语境效果之间的存在密切关系。关联理论中的语境效果是指对某个语境进行改变和改善而产生的效果。当新信息与现时语境假设发生下列三种情况的任意一种时，语境效果就产生了。

1. 对现时语境假设加强。

2. 与现时语境假设产生矛盾，并将现时语境假设打消。

3. 与现时语境假设相结合，产生一种语境隐含。

例如，我们都知道小刚明天去北京，天气预报说明天有特大雷雨。

这句话中的固有信息是"小刚明天去北京"，新信息是"明天有特大雷雨"，结合新信息，明天的天气比较糟糕，而"小刚明天去北京"强化了这一语境。此外，如果小刚明天计划乘坐飞机去北京，结合新信息，明天有特大雷雨，句子的新信息与现时语境产生了矛盾，可能会将现时语境假设打消，则飞机可能会停飞。如果明天北京有特大雷雨，本地不下雨，则会导致新信息与现时语境假设相结合，从而产生语境隐含，即小刚明天去北京需要带上雨具。

（三）语境与语境假设

现时语境可以称为"语境"或"背景假设"，语境效果建立在语境假设之上。语境既可以指话语的上下文构成的语境，也可以指话语产生时的情景，还可以指话语理解时所参考的假设。语境对话语理解起着极其重要的意义。语境并不是静止的，而是具有动态性的特点，话语的理解需要两个层面。

1. 听话者对话语进行解码，得出话语明说层面的意义。

2. 听话者围绕话语进行语境选择和语境扩展，使话语在语境中产生关联效果，获得说话人的隐含义。

（四）精力

关联与语境效果之间存在密切联系，语境效果需要付出一定的精力。精力与以下因素相关。

1. 为构建恰当的、合适的语境而付出想象和记忆的努力。

2. 话语本身具有心理复杂程度，复杂程度越高，所需要付出的精力也越大。

二、关联理论的主要观点

关联理论是从认知心理学角度对语言交际的内容和过程进行的分析，强调人类心智层面的信息处理是关联驱动的。人类心智对话语的关联选择无处不在，是人类认知的基础和有效沟通的保证。话语与语境之间存在关联性，这种关联性能够促使交际过程中听话者对说话者的意图进行合理的推论，对相关话语做出正确的反应。

关联理论中存在两个重要观点，即认知原理和交际原理。

认知原理：人类认知倾向于同最大关联相吻合；

交际原理：每一则明示交际行为都应被设想为自身具有最佳关联。

其中，交际原理又涉及"最佳关联假设"，最佳关联假设主要指：明示刺激信号具有足够的关联，并且值得听话人付出精力来加工处理；明示刺激信号具有听话人的能力和意愿允许范围内的最大关联性①。

由此可见，最佳关联假设涉及听话人和说话人两个层面的关联程度。一个话语要实现最佳关联，需要满足两个条件。

1. 取得足够的语境效果，引起听话人特别注意。

2. 在取得语境效果的过程中，不耗费听话人过多的精力。

上述关联理论主要观点是关联话语解读机制的运作基础，在关联理论的后续发展中，斯波伯和威尔逊明确提出了关联话语解读程序，认为话语解读是沿最省力的路径、按照语境可及度依次得出的过程，它终止于关联期待的满足。

关联理论将语用推理与对认知层面因素的考虑相结合，提出具有心理可行性的推理机制，具体来讲，关联理论开篇便探讨了交际模式的问题，在分析了单纯编码－解码模式与推理模式的优点与弊端后，对二模式进行融合，首次明确了话语交际具有以推理为主、编解码为辅的"明示－推理"（ostensive-inferential）性质，从而解决了以往单一交际模式不能解决的一些问题。

在关联理论产生前，占统治地位的格莱斯语用学说认为，交际双方的共享知识是交际发生的基础，这种观点太过绝对。关联理论用认知语境的互相显映取代上述概念，更符合我们对交际的或然性、概率性的直觉。

格莱斯含义学说认为只有隐义才需要语境推理，显义不涉及推理，而关联理论学者提出不确定性原则（the principle of undeterminacy），深入发掘了显义的性质与产生机理，揭示了指称确定、解歧、命题充实、词义扩充与收缩等显义推理过程。

格莱斯语用学说认为语境是常量，关联是合作原则下的一个可以违反的准则，而关联理论与此相反，将关联作为已知项，通过对相关认知

---

① Sperber D, Wilson D. Relevance; Communication and Cognition［M］. Ox-ford; Blackwell，1986/1995:270.

语境的寻找、调用来实现对话语的解读，由此也避免了合作原则各准则间的重叠或矛盾冲突等问题；关联理论较先前研究还详细讨论了推理的性质问题，明确了语用推理的非论证性、非琐碎性、删除性演绎推理性质，超越了含义推理中"原则遵守与违反"类的宏观、笼统研究，为展开对具体推理过程、步骤的微观探讨奠定了基础。

第三节　预　设

预设是语言学范畴中的一个重要概念，本节主要对预设理论进行详细分析。

一、预设的概念及功能

预设概念起源于哲学界，属于哲学和逻辑学的课题。预设一词最初是由德国哲学家弗雷格（Frege）于 1892 年提出来的。20 世纪 50 年代，英国语言学家斯特劳森发展了弗雷格的这一思想，将这类现象视为自然语言中的一种特殊的推理关系。20 世纪 60 年代，伴随着语义学的发展，预设逐渐成为语言学研究的重要概念之一。20 世纪 70 年代，语用学的兴起为预设的研究提供了全新的视角。

（一）预设的概念

预设，也称为前提，是指言语交际双方均已知晓的常识，或听到话语之后根据语境可以推理出来的信息，它并在话语的表面显示出来，仅包含在话语之中[①]。

---

① 魏在江. 语用预设的认知语用研究［M］. 上海：上海外语教育出版社，2014：116.

弗雷格指出，自然语句中任何有意义的语句均能够推导出一个背景假设（预设），该预设可以表现为另一个语句。

（二）预设的功能

预设在语言交际中具有保障话语的经济性、有效性、连贯性和凸显性的功能。

1. 保障话语经济性的功能

预设具有共知性的特点，在语言交际中，如果交际双方将所有信息均说出来，则会使话语显得啰嗦、冗长，没有重点，交际中的听话者很难听懂说话者表达的重点。而预设能够减轻交际双方的表达负担，避免了冗长的解释，有利于提升双方话语交际的经济性。

2. 保障话语有效性的功能

预设可以增强话语说服力，在语言交际中可以保障话语的有效性。在语言交际中，说话者有时故意将一些想要表达的信息隐藏在话语中，而听话者在了解了预设之后，能够明白说话者真正想要表达的信息，从而保障话语的有效性。

3. 保障话语连贯性的功能

预设能够保障话语的连贯性，预设的这一功能主要体现在语篇组织中。预设在语篇中，能够为句子的排列提供制约。在话语交际中，交际双方已经说过的话可以作为后面话语的预设，从这一视角来看，预设具有衔接功能和连贯功能的特点。

4. 保障话语凸显性的功能

在语言交际中，如果说话人着意强调某一信息，则会使该信息成为语句中信息的焦点，而伴随着话语预设的改变，话语信息的焦点也会发生改变。从这一视角来看，预设在话语交际中，具有强调信息焦点，保障话语凸显性的功能。

二、预设的类别

预设，从不同视角可以划分为多种类别，其中语义学预设和语用学预设是预设的两种主要类别。

（一）语义预设

语义预设是从语义学视角对预设进行的研究，语义预设是两个句子或命题之间的一种语义关系，语义预设依附于语言的表层结构，是句子意义得以形成的基础，其根本特征是无论在什么样的言语行为中，句子本身及其预设应是恒定的。语义预设的概念建立在句子真假值的基础之上，和句子本身的意义有着密切的关系。

语义预设细分，可以划分为潜在预设和实际预设两种类型。潜在预设是指一个句子具有的潜在的、可能的预设，是从句子语义分析上得出的预设。根据潜在预设理论，如果潜在预设与特定的语境相容，就会显现出来成为实际预设。相反，如果潜在预设与语境之间存在一定的矛盾，就会消除不见。由此可见，潜在预设和实际预设之间可以相互转化。

实际预设根据触发语进行分类具体可以细分为存在预设、实情预设、词汇预设、结构预设、非真实预设、反真实预设。语义预设的内涵具有一定的局限。

（二）语用预设

语言学家在对预设进行研究时发现，仅从语义视角对预设进行研究，具有鲜明的局限性。预设除了表现命题之间的关系以外，在许多情况下，预设还是命题人与说话人之间的关系，其涉及语境、说话人等多种因素。语用预设即是研究说话人和命题之间关系的概念。

语用预设是指对于语境敏感的与说话人（有时包括说话对象）的信念、态度、意图有关的前提（即预设）关系。与语义预设相比，语用预设的内涵更加复杂，且具有更大的研究价值。

1. 语用预设的分类

语用预设从不同视角进行划分，可以划分为不同类型。

表 3-2　语用预设的分类一览表

序号	类型	说明
第一种分类	存在性预设	语言中表示有指对象的名词性成分，由于总是与客观世界中的某个实际存在的对象相对应，这种预设存在于客观世界中，所以是存在性预设。这类预设往往由指称词语或领属结构的名词性词语引发激活
	事实性预设	句子当中的某些成分表达的是一个已经发生的已然性客观事实。事实性预设往往由某些动词性词语（如表心理、知觉的动词）、表时间、原因的状语以及复杂的主语、定语等引发激活
	对立变化性预设	事件、状态在时间上总是存在即刻与已然、前瞻与后顾之间的依存与对立。言及某种状态，也就是引发、激活了与之依存、关联或对立的另一面。某些动词性词语表示不同状态的变化，变化之前的状态就是预设
	重复性预设	某些词语表示重复动作或连续性系列事件。因此，提到某个事件，也就必然涉及到某个事件之前的另一个或几个事件
第二种分类	角色预设	一个身兼多种角色的人，进入修辞活动时便产生角色分化，分化为形形色色的"这一个"。正是在这里，隐藏了一个不被人们所注意的问题：表达者或接受者，在具体的修辞活动中，需要准确地预设对方在当下此时的角色身份
	经验预设	修辞活动的深层机制，是表达者和接受者主体经验世界对接。当接受者走近表达者时，实际上是接受者走近了表达者的经验世界；当接受者偏离了表达者的经验世界时，修辞接受的错位就可能发生
	价值预设	预设作为认知前提，总是反映特定的价值观念。当表达者和接受者依据同一个价值坐标评价对象时，达成共识才有可能。如果表达者和接受者着眼于不同的价值体系或价值尺度时，交际受阻或错位则有可能发生

序号	类型	说明
第三种分类	事实预设	从广告用语视角划分，此分类学者未对具体类型进行严格定义
	信念预设	
	状态预设	
	行为预设	
第四种分类	事实预设	交际者在语言交流过程中预先肯定或承认的某种事实背景
	理论预设	交际者在语言交流过程中预先肯定或承认的某种上理论背景
第五种分类	事实预设	此分类学者未对具体类型进行严格定义
	信念预设	
	状态预设	
	行为预设	
	文化预设	
	双关预设	
第六种分类	真实语用预设	具体可划分为：信念真实语用预设、非信念真实语用预设
	虚假语用预设	具体可划分为：非故意虚假语用预设、故意虚假语用预设
第七种分类	典型语用预设	作为原型的语用预设，原型化范畴中具有代表性的典型成员
	非典型语用预设	作为原型的语用预设，原型化范畴中不具有代表性的非典型成员
第八种分类	命题内容条件语用预设	发话人相信自己的话语中含有一个可作用于实施某个特定言语行为的命题，即是"命题内容条件语用预设"
	预备性条件语用预设	发话人认为，他通过话语所实施的某个特定言语行为是合理的、必要的，从而他为这种合理性、必要性假定了一些理由，这些理由就是"预备性条件语用预设"
	真诚性条件语用预设	发话人相信自己在实施某个特定言语行为时所表现出来的心理状态是真诚的，这就是"真诚性条件语用预设"
第九种分类	确定性语用预设	对预设命题 P 来说，P 的真、假发话人是能够确定的，如果 P 是真的，则该预设就是确定性语用预设
	不确定性语用预设	如果 P 是假的，则该预设就是不确定性语用预设

表 3-2 中语用预设的第四种分类，即事实预设和理论预设的划分方式具有较强逻辑性，是所有语用预设分类中受学者认可度较高的分类方式。

2. 语用预设的特征

语用预设具有共知性、语境合适性、单向性、可撤销性、动态性、隐蔽性等特征，见表3-3。

表3-3　语用预设的分类一览表

序号	特征	说明
1	共知性	语用预设应与交际双方的认知背景相适应，语用预设必须是交际双方所共知的，这一点在语用预设中起着极其重要的作用，是交际双方交际成功的基础所在
2	语境合适性	预设要与语境紧密结合，因此，语用预设具有语境合适性的特征
3	单向性	交际环境中，交际一方在没有与另一方协商的情况下，单方面对交际另一方的认知状态做出主观假设，这一主观假设可能为交际双方所共知，也可能交际的另一方交际不知晓，因此，语用假设并一定正确，具有单向性的特征
4	可撤销性	语用预设可撤销性也可称为可废除性，受语境中的语言因素和语境中的非语言因素的影响，语用预设在实际交际环境中，可能会被撤销
5	动态性	语用预设存在于整个交际环境中，交际双方的共有知识是构成语境的重要因素，在交际过程中预设被视为已知信息，并不断引出新信息；随着交际过程的进行，新信息又转换为预设（即已知信息），从这一视角来看，语用预设具有动态性的特征
6	隐蔽性	预设是发话人做出的假设，且具有较强的动态性，在实际交际环境中，新信息不但可以以话语形式存在，还可以以预设形式存在，因此出于某种目的，交际一方（发话人）利用预设的隐蔽性故意将预设设置为背景，使受话人不易察觉，从这一视角来看，语用预设具有隐蔽性的特征

除了语义预设与语用预设两种类型之外，根据语句句式的不同，预设还可以划分为直陈句的预设、直陈复合句和特别直陈句三种类型；从语言视角进行划分，预设可以划分为存在预设、事实预设、种类预设等类型。

三、语义预设与语用预设的关系

预设是一种语言现象，语义预设与语用预设的概念并不是完全抵触的，而是一对相关而不相同的观念。两者之间既存在区别又存在密切联系。

（一）语义预设与语用预设的区别

语义预设与语用预设的主要区别是其划分条件不同，语义预设是预设的真值条件分析，是使一个语句具有真值性的条件；语用预设则是预设的恰当性条件分析，是在交际过程中使一个语句具有恰当性的条件。

此外，语义预设和语用预设的研究对象也不尽相同，语义预设考察和研究的对象是抽象语句及其意义；语用预设考察和研究的对象是语句、话语及其在具体语境中的意义，即命题态度、意谓和意思。

（二）语义预设与语用预设的联系

语义预设和语用预设之间除了区别，还存在一定的联系。语义预设是语用预设的基础，语用预设则是语义预设的深化和扩展。一般而言，在固定的语境中，命题的语义预设是说话人的语用预设，而语用预设是在语义预设的基础上结合语境对语句预设进行的更广范围的分析。

四、预设触发语

预设触发语，又称前提触发语，是产生预设的特定语词，预设触发语主要反映在一些词、句子和句型方面。根据预设触发语，能够推导出句子的预设。

（一）预设触发语的类型

汉语预设触发语的类型根据词性进行划分，可以分为动词预设触发语、副词预设触发语和连词预设触发语、其他预设触发语等类型，见表3-4。

表3-4 预设触发语的类型一览表

序号	类型	细分类型	示例
1	动词预设触发语	叙实动词	1. 情感类叙事动词（后悔、羡慕、同情、佩服、嫉妒、感谢、爱、喜欢、欣赏、嫌、恨、自豪、遗憾、抱歉、伤心、失望、着急）； 2. 识记类叙事动词（知道、晓得、懂得、记得、惦记、回忆、反省）； 3. 庆祝类叙事动词（庆祝、祝贺、纪念、怀念）； 4. 公布类叙事动词（公布、广播、坦白、交代）
		状态变化动词	1. 开始类状态变化动词（开始、出现、到达、引起、发明、产生、起来、开辟）； 2. 停止类状态变化动词（停止、停、结束、完成、关、闭、闭幕、戒、断、离婚、离开）； 3. 变化类状态变化动词（改变、变化、变、醒、醒悟、觉悟、恢复、复员）； 4. 消除类状态变化动词（脱离、脱、断绝、断、摆脱、撤消、撤、消除、切除、拆除、拆、取消、丧失、泄漏、暴露、卖、褪、丢、掉、没收、抛弃）
		含义动词	忘记、忘、改正、纠正、偿还、答复、赔偿、防止、制止、禁止、阻止、拒绝、避免、预防、修、修理、批准、退还、退、还、回、回答、跟随、模仿
		褒贬评判类动词	批判、批评、指责、责备、谴责、怪、夸奖、表扬、称赞、赞美、控诉、挖苦、笑话、讽刺
		影响类动词	耽误、干扰、扰乱、压制、影响、欺负、镇压
		行为反应类动词	1. 揭露类行为反应动词（如揭露、揭发、透露、控诉、隐瞒、掩饰、掩盖）； 2. 抗议类行为反应动词（如抵抗、报复、阻挡、抗议、反抗、躲避、服从、忍受）； 3. 其他表示行为反应的动词（如原谅、检讨、道歉、奖励等）
2	副词预设触发语	叙实类副词	1. 醒悟类（怪不得、难怪、无怪乎、怨不得）； 2. 幸喜类（幸好、幸亏、幸而、幸喜、好在、亏得）； 3. 确认类（不愧、的确、果然、果真、固然）
		重复义副词	又、再、还、重新、重、仍然、仍旧
		递进义副词	更加、越发、愈加、更、并且、而且、甚而、甚至
		类同义副词	也
		其他副词预设触发语	好容易、终于、亲自、还、再

续表

序号	类型	细分类型	示例
3	连词预设触发语	宁可/宁愿……也不……	宁可 A，也不 B
		既然，之所以	既然 VP 之所以 VP
		虽然，但是	虽然 A，但是 B
		即使	即使、纵使、即便、纵然、就算、哪怕
		或者，一方面，另一方面	或者……或者 一方面……另一方面
4	其他预设触发语	是……的结构	是……的结构的句子中暗含着一定的信息，会触发预设信息
		的字偏正结构	1. VP + 的 + NP，可以表示为 N_1 + VP + 的 + N_2，N_1（+ 状语）+ VP + 的 + N_2 2. NP 的 VP，可以表示为 NP + VP + 了，也可以表示为 NP 很 VP 3. VP 的 AP
		以来，以后	……以来、……以后

（二）预设触发语的特征

预设触发语具有引出预设的作用，其所触发的预设信息可以通过触发语本身的词义进行追寻，或通过某一结构的语法意义进行推导。预设触发语具有引导性、游离性、规约性三种特征。

1. 预设触发语的引导性特征

预设触发语起的作用是引出预设触发语所触发的预设信息可以通过触发语的本身词义进行追寻或通过某一结构的语法意义推导。也就是说预设与触发语的词义有联系是隐含在触发语意义背后的某些背景信息是可以从词语的字面意义中推出的触发语的存在使得句子的预设信息具有了可探寻性。

2. 预设触发语的游离性特征

"游离"是化学术语指一种物质不和其他物质化合而单独存在或物质从化合物中分离出来。这里"游离性"指的是触发语的意义和句子预设的关系是说触发语的意义不融于句子预设中触发语只是个引子引导人们去根据语言知识或客观经验去推导某一信息句子预设不包含触发语的词义。

3. 预设触发语的规约性特征

虽然预设受语境制约在一定语境中可以消除但是大多数预设义与触发语的词义有联系预设是从触发语的词义中经过鲤皇勺笠里得到的。语言中很多词语不仅自身传达一定含义还会激活某些包括百科知识在内的常规关系规律词义和这些常规关系互动会推导出某些约定性的背景信息。这些背景信息会在受话人的心里固化为自动的、无意识的、无须根据合作原则进行推导的信息内容这就是常规关系的规约性的认知推理。

（三）触发语引发预设的方式

触发语引发预设的方式主要包括三种类型，即信息揭示、关系推理、背景引入。

1. 触发语通过信息揭示的方式引发预设

汉语词语可以提示"某些事实或常理的存在"。

例如，一方面……另一方面，这一句型中的两个触发语，即表明信息揭示的方式包括两个方面。

2. 触发语通过关系推理的方式引发预设

事物之间存在一定的逻辑关系，某一件事情的结果，可能是另一件事情发生的起因或条件。或某一件事情的发生，可能会导致另一件事情朝着与预期相反的方向发展。具体来说，触发语可以通过以下关系进行。

（1）因果关系

（2）条件关系

（3）递进关系

（4）转折关系

3. 触发语通过背景引入的方式引发预设

有的预设信息是通过某些词的使用背景得到的，主要以虚词为主。虚词通常具有合理使用的语义背景，因此，这类触发语常通过背景引入的方式触发预设。

例如，宁可、反而等。这类触发语是指，在一般情形下，通常会发生某种结果，然而由于特定情形的发生，事物发展的正常结果不会出现，反而会推动事物朝着相反的方向发展。

第四节　图式理论

图式一词，来源于希腊语，最早出现在古希腊哲学著作中，本节主要对图式理论进行详细研究。

一、图式及图式理论概述

本书所讲的图式概念，属于认知心理学领域的术语。1781 年由心理学康德首次提出。关于"图式"一词的概念，古今中外学者从不同视角给出了不同的定义。

（一）图式的概念

图式是一个心理学概念，其是指个体已有的知识结构。知识结构是思维形成过程的产物，在个体对事物的认知过程中起着重要作用[①]。

图式理论是随着现代心理学的产生与发展而不断丰富和完善，图式理论是认知心理学中用来解释心理过程的一种理论模式，被广泛用于阅读理解等心理过程的研究。

进入 20 世纪 30 年代，图式理论得到了较深入的研究与发展。1932年，德国心理学家巴特利特将图式定义为人们过去的经历在大脑中的动态组织，并在记忆结构和知识结构中应用图式概念。

图式理论被巴特利特引入心理学领域后，又与计算机科学、控制论和信息论等结合，逐渐演变为一种心理结构。图式结构由许多相互联系、相互作用并结合成一个有机体的一系列一般知识组成。

（二）图式的特点

图式具有一般性、知识性和结构性的特点。

1. 图式的一般性特点

图式是从无数具有个性化的个例中经过提炼和总结出来的，而不是指某一个具体的个例。

以"动物"这一概念为例。

"动物"属于生物的一个种类，是科学家通过对地球上无数生物进行考察之后，对其中一类生物的命名。动物一般以有机物为食，是能够自主运动或能够活动的有感觉的生物。包括生活在海洋中的大量鱼类、贝壳类、虫类，也包括生活在陆地上的爬行动物或人类，等等。在对一个

---

① 张安律. 外语教学心理学［M］. 成都：电子科技大学出版社，2005：45.

个生物个体进行考察之外，将其中一部分生物的共同特点例如，"自主运动""能够活动""有感觉""以有机物为食"提炼和总结出来从而形成了动物的概念。

又如，记叙文具有"六要素"，即时间、地点、人物、事件的起因、发展和结局。记叙文的这六个要素，并不是人们提前规定好之后才产生的记叙文这一文体，而是在人们撰写了大量记叙文之后，有关学者对大量记叙文进行拆解和分析之后，总结和来的。

2. 图式的知识性特点

图式的知识性特点是指心理学家认为，图式所储存的不是定义而是知识。任何图式中均包含着一定的知识，而图式则是人类大脑储存知识的一种方式。图式所的表征的知识类型多样，包括词语的意义、句子的组成成分、文化背景、理论观点，以及思想意义等。

仍以"动物"一词为例。

"动物"作为一个概念，其中包含着识别动物特征的知识。掌握了"动物"的概念之后，人们就可以根据这一概念对地球上的生物的类别进行判断。以"鲸鱼"为例。鲸鱼生活在海洋中，以其他小型鱼类为食，有脊椎，能够自主运动和活动，并且有感觉，结合鲸鱼的这些特点，即可判断鲸鱼属于动物。

3. 图式的结构性特点

图式的各个知识点之间是按照一定的联系组成的一种网络，这种网络是由知识的结构性决定的，是一种等级结构。一个图式可以被包含在另一个图式之中。

（三）图式的功能

图式具有构建功能、搜索功能、剪辑功能、预测和推理功能、迁移功能。

1. 图式的构建功能

图式是人类大脑中储存知识的结构，人类学习知识的过程并不是直接将知识原封不动地搬进大脑中，而是在原有知识经验的基础之上，结合新知识的特点，将新知识与原有的图式进行重新组合、堆砌和调适，从而构建一种新的图式的过程。从这一视角来看，图式具有构建功能。

2. 图式的搜索功能

图式是一种简约化和抽象化的知识结构，人们可以利用头脑中已有的图式形成目标指向性，或做出预测，从而积极主动地检索和收集更多的知识资料。

以"动物"图式为例。

当人们掌握了"动物"这一图式之后。再遇到新的动物种类，会自动对应"动物"这一概念，搜索新动物种类的知识资料。例如，动物均以有机体为食物，那么新动物种类的食物属于哪一类有机体？动物均具有感觉，新动物种类的感觉器官有哪些？动物可以活动，新动物种类的如何活动？在得出一定的结论后，还可以根据人们掌握的已有图式进一步判断新动物种类属于有脊椎动物，还是无脊椎动物；属于海洋动物，还是陆地动物，抑或两栖动物；属于食草动物，还是食肉动物，等等。

3. 图式的剪辑功能

图式的剪辑功能，这里指图式的筛选和重组功能。

当人们接触外界新知识时，并不是将外界新知识全部接受，而是借助大脑中已有的图式对新知识进行选择、删除和过滤之后再与原图式进行重组、储存。针对同一个新知识，不同的人会对新知识进行不同的筛选和过滤。

以太空中的发现的一颗新星为例。

天文学家在接触这一新知识时，会关注新星的运动轨迹、运动速度、构成成分、亮度、形状、所处阶段、体积和质量等方面。

新闻工作者在接触这一新知识时，会关注新星的发现过程、特点、距离地球的距离等信息。

当人们对的新知识和新信息，并非直接储存新知识，而是通过将经过筛选的新知识进行抽象，转变为图式可以接受的东西，再结合原有图式进行整理、分类和组织。

以"星星"为例。

星星指的是肉眼可见的宇宙中的天体，根据星星的种类划分，可以分为恒星、行星，卫星，矮行星（此分类只在太阳系），小天体（小行星，彗星等）。其中，恒星按照不同的分类标准，可以划分为多种类型。按照恒星所处的阶段，可以划分为新星、主序星、红巨星、超新星等；按照恒星的大小，可以划分为矮星、巨星、超巨星等；按照恒星的组合，可以划分为单星、双星、聚星和星团；按照恒星的光谱，可以划分为 O、B、A、F、G、K、M 及附加的 R、N、S 等类型。

当发现新星后，天文学家结合已有的天文学知识图式，了解新星各方面的特点，再将其与已有的图式相结合，进行已有图式重组后储存。

4. 图式的预测和推理功能

图式具有预测和推理功能，通过借助已有图式，能够对新信息进行可靠的推理。

以语文记叙文的学习为例。

记叙文具有六要素，在阅读一篇新记叙文时，可以根据记叙文六要素进行推理，找出文中的时间、地点和人物，并对事件的发生、发展和结局进行预测和推理。

5. 图式的迁移功能

迁移是指一个事物对另一个事物的影响。人们在接触新知识后，会借助视觉、听觉、嗅觉等感官组织对新知识进行全方位的观察和了解，并将这些感官信号传递给大脑。而大脑则通过对已储存的图式搜索，将新知识与原有图式进行对应，并将原有图式通过迁移方式反馈至新知识上，最终引导人们理解新知识。

（四）图式的分类

关于图式的分类，数百年来，中外哲学家立足于不同视角，将图式划分为多种类型。

康德将图式划分为量的图式（或数的图式）、实体的图式、因果性图式、可能性图式、现实性图式、必然性图式等类型。

库克（T.D.Cook）将图式划分为世界图式、文本图式、语言图式等类型。

卡雷尔（P.L.Carel）将图式划分为语言图式、形式图式和内容图式等类型。

我国语言心理学家彭聃龄将图式划分为事件图式、场景图式、角色图式、故事图式等类型。

我国学者卢玉卿将图式划分为意象图式和认知图式两种类型。

二、意象图式

意象图式是认知模型理论中的一个非常重要的概念，研究意象图式对于研究人们如何建构范畴、形成概念、分析隐喻、理解意义、实行推理等过程具有重要意义。意象和图式原本是两个独立的概念。康德在讨论图式的哲学意义时指出："连接感知和概念的纽带，是建立概念与物体之间联系的手段，也是建构意象、制造意义的必要程序，个体共有的想象结构"。而意象则是一个心理学的术语，指代一种心理表征，即人们虽然不能看到某物却仍然能够想象出该物体的形象和特点，而这正是在没有任何外界事物提示的情况下，人们仍然能在心智中猎取这个事物的印象的一种认知水平。

（一）意象图式定义

1987 年，Lakoff 和 Johnson 首次提出了意象图式这个概念，并将其定义为：意象图式是感知互动和运动活动中的持续再现的动态模式。1995 年，Gibbs 和 Colston 指出意象图式为空间关系以及空间中运动的动态模拟表征。2004 年，Oakley 指出意象图式则是为了把空间结构映射到概念结构而对感性经验实行的压缩性的再描写。认知语言学家们赞同意象图式是基于人们的感知和体验的，并且先于人类语言。换言之，"现实—认知—语言"是认知语言学的一条基本原理，并且认知过程包括：互动体验、意象图式、范畴化、概念化、意义等过程。所以，意象图式只不过是认知过程中的一个细节。认知语言学的哲学基础是体验哲学，即"经验是在我们持续通过与变化的环境互动之中产生意义的体验性感知运动和认知结构的结果"，其心理学基础是皮亚杰的建构论和互动论。所以，意象图式也是基于体验与现实世界互动，并抽象出来的一种形而上的结构。

（二）意象图式特征

意象图式体现了这样的特征，并且与空间概念联系紧密。根据 Lakoff 的分类，动觉意象图式可分为：容器图式、部分—整体图式、连接图式、中心—边缘图式、始源—路径—目的地图式和其他图式几种类型。

1. 容器图式。容器图式的基本内涵是将目标视作是一个容器，心智中形成界限，构成容器里和容器外两个区域。例如，"小明在班级里是班长，学校中有 56 个班级"。这句话中"小明"是个体，班级是小容器，学校是更大的容器。

这样的图式有某些以经验为基础的特征：暗含一定的自然逻辑关系，其包括两个规则，其一，容器是一种选言判断，实体要么在容器里，要么在容器外。其二，包容关系具有典型的传递性：如果一个容器在另一个容器里，那么第一个容器里的实体也在另一个容器里。容器图式还包括其他推理原理：如包容关系的经验涉及防御外力、包容关系限制容器内的力、被包容的实体有一个相对固定的位置、包容关系影响观察者对被包容的实体的视野，要么放大这一视野，要么阻碍这一视野。

2. 部分—整体图式，是基于人的体验的一种抽象体系。例如，身体部位就是一个很好的例子。胳膊是人身体的一部分，那么胳膊就是部分，身体就是整体。如"小明是班级中的一员"。

3. 连接图式，也是基于人的体验的一种抽象体系。人们生来的第一个连接就是肚脐和母体的连接，经历了婴儿时期和儿童时期，我们抓住父母，扶着其他事物，或是为了保持自己的位置或是为了保证其他人和事物的位置。此时，绳索就起到了连接的作用。进而，长大以后，这具体的绳索可由抽象的、看不见的事物所代替。小明牵着妈妈的手此句中，孩子和妈妈通过牵手而连接起来。

4. 中心—边缘图式，中心—边缘图式理解亦是源于身体经验。身体有中心和边缘之分，而中心指的是心脏。如若一个人没有了四肢，也还能牵强活着，但是如果心脏停止了跳动，那么这个人也就丢了性命。由此引申开来，任何事物都会有重点和非重点，重点即是中心，非重点即是边缘。成语"擒贼先擒王"讲的就是这个道理。

5. 始源—路径—目的地图式，顾名思义，其组成包括三个部分，即：始源、路径和目的地。

6. 其他图式，包括：前景—背景图式，如东风牌汽车的广告语为"万事俱备，只欠东风"，这里借用了这句歇后语作为背景，实际上句子中的东风指的是汽车，一语双关。所以，现在的广告语的理解多是使用这个图式识解的；上下图式，多用于社会等级结构和家庭结构的理解，家谱就是上下图式；线性序列图式，如初中历史里面学的大事记都用直线以年代为标记归纳出来，这就是线性序列图式。

三、认知图式

认知图式是关于认知对象的知识、经验的图式结构，是一系列相关命题组成的命题集合或命题网络。认知图式既可以通过在现实生活中直接接触外在的事物、人物或事件而形成，也可以通过间接学习形成。这一点与意象图式不同。

认知图式最早由认知心理学家皮亚杰在提出。皮亚杰在对儿童心理进行研究时，将儿童的认知能力分为感觉运动阶段、前运算阶段、具体运算阶段和形式运算阶段四个阶段。此外，皮亚杰还从认知论的角度提出了适应、同化和调节、平衡、运演与图式等认知心理学中的多个重要概念。

其一，在皮亚杰的理论中，所谓图式就是动作的结构或组织，皮是人类最初的思维模式，最初来源于遗传。

其二，为同化。皮亚杰所说的同化是指个体将新鲜刺激纳入原有的图式中，同化既包括物质的同化，也包括行为的同化与思想的同化。同化受个人已有图式的影响，个人已有图式越少，同化的范围越窄，反之亦然。

其三，为顺应。皮亚杰所指的顺应，指的是个体通过对自身内部的调节以适应特定的刺激。当个体遇到不同于自身已有图式时，即对自身已有图式进行改造或重建，以达到适应环境的目的。同化与顺应均属于适应。

其四，为平衡。人类认识发展的过程即是从平衡到不平衡再到平衡的过程。皮亚杰指出，婴儿出生后，凭借遗传的本能行为形成个体的先天图式，并通过个体的同化与调节、适应与平衡，推动个体组织结构不断从低级的感觉运动阶段发展到高级的形式运演阶段，即认知图式改变和发展的过程。

认知图式一旦形成就会较为稳固地保存于大脑记忆库中，只有当外界信息对大脑形成刺激时，才能激活相应的认知图式。认知图式一旦形成就会对人们的认知取向产生一定的影响。

认知图式的运行方式可以划分为自上而下的活动和自下而上的活动两种类型。

第四章 汉语的词类逻辑在语境中的表达

第一节 实词逻辑在语境中的表达

汉语实词逻辑是汉语词语逻辑的重要组成部分，实词逻辑在语境中的表达，本节主要对此进行研究。

一、名词逻辑在语境中的表达

名词逻辑在语境中的表达，主要体现在名词的语用逻辑方面。

（一）名词类型及构词法中的逻辑

表 4-1 名词类型一览表

序号	类型	示例
1	人物名词	表示人或事物，如，马匹、汽车、树木，小明，工人，公务员等
2	时间名词	表示时间概念，如，刚才、上午、中午、晚上、今天、明天等
3	方所名词	表示处所和方位，如，东边、西边、前边、后边、客厅、北京等

（二）名词推理的形式

名词推理形式主要包括顾名思义式推理、矛盾式或对立式推理、寓意推理、词序推理、义素推理、同指互换推理、上下位推理。

1. 顾名思义式推理

顾名思义式推理是指从"言词"的字面理解进行的推理，属于"言内之义"。顾名思义推理的逻辑结构包括

（1）A→B

（2）A；B

（3）A→B、C、D

（4）A；B、C、D

名词的顾名思义式推理，在语境中，更能清晰地表达说话者的意思。

2. 矛盾式或对立式推理

矛盾式或对立式推理是指词语的构成中存在相互矛盾或意思相反的字词。

例如，天地、大小、前后、难易、进退、古今、正反、长短、美丑、强弱、有无、曲直、贵贱、吉凶、福祸、动静、寒暑、内外、上下、君臣、左右、分合、往来、刚柔、存亡等。

具有矛盾式推理或对立式推理的词语，在具体语境中，能够表达丰富的逻辑意义。

例如，天地之间有杆秤，这句话从"天地"这一具有对立式推理的词语表明"这杆秤"是世界上无形却极有分量的"秤"。

名词的矛盾式推理在语境中的逻辑结构主要表现为：

（1）A；A*

例如，古今一词，即表示过去和现在的所有时间。

（2）～A；～B

例如，先君子，后小人，即使用具有矛盾的两个词语，表明说话人的立场。

3. 寓意推理

寓意推理是指说话者对"名词"赋予新的意义而进行的推理。名词的寓意推理在语境中能够使语言的表达具有更强的逻辑性。

例如，"雷锋"一词，作为一个人名，既可以指雷锋本人，也可以指具有雷锋所代表的精神品质的人。

这个社会上有千千万万个"雷锋"。

这句话中的"雷锋"一词，即是指具有雷锋所代表的精神品质的人。

名词在语境中的寓意推理逻辑结构主要表现为：

A，所以 B

例如，松树，一词，既可以指松树，也可以指如同松树一般的身形，或如同松树一般的品格。

名词在语境中的寓意推理逻辑通常说话人和听话人具有一定的联想和想象能力。

4. 词序推理

名词的词序推理是指根据言词的顺序进行的推理，在具体的语境中，词序在前的词语往往表示强调和突出，且比词序在后的词语的重要性更强。

例如，"老少"一词中，即蕴含着中华民族尊老爱幼的传统。

词序推理在语境中的逻辑结构主要表现为：

（1）A、B、C……

例如，花园里的花都开了，有桃花、樱花、海棠花……

这里的桃花、樱花、海棠花具有并列含义，表明花园里的花开之盛。

（2）A＞B＞C

例如，今天参加会议的包括，甲、乙、丙、丁等。这句话的具体语境中，即隐含着甲＞乙＞丙＞丁的内涵。

5. 义素推理

义素推理是指通过词素推理出义素。

例如，女孩，一词，"孩"这一义素中暗含着"年轻"的意思，指18岁以下的人。

"成人"一词，"成"这一义素中暗含着"成熟"的意思，指18岁以上的人。

名词的构成义素中包含着文化、心理、社会等因素。

例如，"青天"一词，在中国传统文化中，包含着"清廉"之意，因此，"包青天""张青天"等名词中，蕴涵着人们对具有清廉品格的人的期待和赞美。

6. 同指互换推理

具有相同词旨的语词，其所指意义具有相同性。而所指意义相同的语词不一定具有相同的词指。具有相同词旨的语词，在语境中具有同指互换推理逻辑。

例如，中国古代除了直接对人的年龄进行称呼之外，还赋予了一些特殊年龄阶段特殊的称谓。而立之年、不惑之年、知天命之年，分别指三十岁、四十岁和五十岁。在交际中，如果交际一方称自己到了"而立之年"，交际另一方则会明白其所指的是"三十岁"。

名词在语境中的同旨互换推理逻辑为：

A；

……A*

例如，

他今天三十岁，所以今年是他的而立之年。

7. 上下位推理

上位词是指域比下位词项在的语词，一般而言上位词是下位词项的属。例如，学生——小学生；书——字典；家具——沙发，等等。

在以上例子中，前一个词语与后一个词语的关系均为上下位关系。

名词在语境中的下位推理的一般表述为，

A；可能（a）

他是小学生，所以他是（学生）。

二、动词逻辑在语境中的表达

动词是表示动作行为、发展变化和心理活动等意义的语词。动词具体可以划分为一般动词、心理动词、判断动作、能愿动词、趋向动词等类型。

表 4-2　动词类型一览表

序号	类型	示例
1	一般动词	表示动作或行为的动词 例如，看、听、说、问、停、装、修、住、坐、走、跑、做、是、批评、宣传、游泳、学习、订正、提高、朗诵、注意、留神、保护、绿化、简化、计算、帮助、普及、道歉、开幕、阅读、动员、服务、唠叨、增加、联欢、暗示、预防、相信、拒绝
2	心理动词	表示思考的动词，包括认为、考虑等 表示感情的动词，包括感动、伤心、喜欢等 表示知觉的动词，包括看到、听到等 表示感觉的动词，包括疼、饿、觉得、怀念等 表示状态的动词，包含昏迷、需要等 表示存在的动词，包含存在、没有、有等 表示关系的动词，包含是、把、当作、像等 表示特性的动词，包含适合、值得等
3	判断动词	表示是非、有无等意义 例如，是，不是

序号	类型	示例
4	能愿动词	表示可能、意愿、必要、估价等意义的动词 例如， 表示可能：能、能够、会、可、可能、可以、得以 表示意愿：愿意、乐意、情愿、肯、要、愿、想要、要想、敢、敢于、乐于 表示必要：应、应该、应当、得（dei）该、当、须得、犯得着、犯不着、理当 表示估价：值得、便于、难于、难以、易于
5	趋向动词	表示动作行为趋向的动词 例如，上、下、进、出、过、开、起、回、来、下来、进来、出来、过来、回来、起来、上去、下去、进去、出去、过去、回去

动词在语境中的逻辑主要指动词在语境中的语用逻辑推理，主要可分为以下几种类型。

（一）动词在语境中的语义蕴涵逻辑推理

通过动词本身的意义进行逻辑推理。

同一个动词在不同的语境中，其逻辑推理意义也不尽相同。

以动词"看"为例。

看，本义为用手加额遮目而远望，引申为使视线接触人或物。

他看书——这句话中的看为本义。

他看向未来。这里的"看"则表明了"他"对未来的期望。

动词在语境中的语义蕴涵推理逻辑主要表现为：

$$+A+B-C+D\cdots\cdots$$

（二）动词在语境中的关系逻辑推理

汉语动词中存在大量表达对象之间关系的动词。例如，喜欢、支持、厌恶、抵制等。这样的词语往往表现了存在于两个思维对象之间的关系，具有对称性、非对称性的特点。

如果思维对象 A 和思维对象 B 之间存在某种关系，A 与 B 之间通常也存在着相同关系，则可以称为两者之间具有"对称性"关系；反之，两者之间则具有"非对称性"关系。

例如，欲治其国，先治其家，欲治其家，先修其身，所以欲治其国，先修其身。

在这里，国、家、身三者之间属于从大范畴到小范畴的关系，其在句子语境中即具有关系推理逻辑。

一般而言，动词在语境中的关系推理可以使用以下格式来表现：

ARB，BRA 或 ARB，BRC，所以，ARC

（三）动词"是"在语境中的逻辑

动词"是"属于判断动词，在汉语中表示肯定的意义；"不是"则表示否定的意义。

动词"是"在不同语境中，可以表达不同的逻辑。

例如，狗是动物，动物是生物，因此，狗是生物。

在这句话中，凭借肯定判断动词"是"可以进行关系逻辑推理。

又如，绘画不是书法，所以书法也不是绘画。

这句话中，凭借否定判断动词"不是"，可以进行关系逻辑推理。

动词"是"在语境中的逻辑形式，可以用以下公式来表现。

ARB，CRB，所以 ARC

（四）能愿动词在语境中的逻辑

能愿动词是指在动词之前表示"可能""意愿""必要"等含义的词语。能愿动词在语境中的逻辑是以能愿动词为前提，在具体语境中进行的逻辑推理。

例如，火车可能会晚点，所以明天我们坐的火车也有可能会晚点。

又如，小李必定是山东人，山东人性格豪爽，所以小李的性格也可能豪爽。

能愿动词在语境中的逻辑形式可以表示为：

$$A—R—B$$

（五）动词在语境中的矛盾式或对立式逻辑推理

动词在语境中的矛盾式或对立式逻辑推理是以具有矛盾或对立关系的动词为前提进行的逻辑推理。

例如，天下分久必合，合久必分。

这句话中的"分"与"合"之间即存在矛盾式或对立式的关系，因为分久必合，所以合久必分。

又如，凡事有失就有得，有得必有失。这句话中的"得"与"失"也存在对立关系。

再如，智者千虑必有一失，愚者千虑必有一得。这句话中的"得"与"失"之间均存在对立关系。

一般而言，动词在语境中的矛盾式或对立式逻辑推理形式可以表示为：

$$A；\sim A \text{ 或 } A；A*$$

在具体语境中，交际者有时出于表达效果的需要，会使用具有矛盾式或对立式的动词表达反讽效果。

（六）动词在语境中的色彩义逻辑推理

动词的词义大体可以划分为两种类型，即基本义和附加义。其中，动词的基本词义是指动词的概念意义，除此之外，动词的附加义则是指附加在其基本词义之上的语义。附加义又可称为色彩义，即表现词语的情态色彩、语体色彩或文化色彩的意义。

例如，"接见"作为动词，其色彩义中暗含着对于对方的尊重，表明了接见方是主人，而被接见方是客人。

"拜见"作为动词，其色彩义则与"接见"正好相反，表时拜见方为客人，被拜见方的身份高于拜见方。

在具体语境中，根据词语的色彩义进行逻辑推理，能够更加精准地表达交际者的立场，表达交际者的意思。

一般而言，动词在语境中的色彩义逻辑推理形式主要为：

$$A \rightarrow B$$

$$A；B$$

$$A \rightarrow B、C、D$$

$$A；B、C、D$$

三、形容词逻辑在语境中的表达

形容词是表示性质或状态特征的词语，可以划分为性质形容词和状态形容词。

表4-3　形容词分类一览表

序号	类型	示例
1	性质形容词	表示性质或属性的形容词，例如，好、坏、伟大、渺小、优秀、普通
2	状态形容词	表示事物所处的状态的形容词，例如，洁白、笔直、墨绿、火热、绿油油、水灵灵

形容词逻辑在语境中的表达主要可以划分为以下几种类型。

（一）形容词矛盾式或对立式逻辑推理在语境中的表达

汉语形容词中存在大量具有矛盾性或对立性的词语。

例如，快——慢，长——短，大——小，多——少，伟大——渺小，平凡——珍贵，公正——偏私，慷慨——吝啬，善——恶，动——静，直——曲，老——少，难——易，清——浊，徐——疾，厚——薄，智——愚，巧——拙，强——弱，深——浅，难——易，明——暗，贵——贱……

在具体的语境中，可以通过形容词的矛盾式对立式逻辑推理，来表达交际者的真实意图。

例如，高尚有高尚者的通行证，卑鄙有卑鄙者的座右铭。

在这句话中，形容词"高尚"与"卑鄙"构成了一对意思相对的词语，表现了作者的辩证性思想。

一般而言，形容词矛盾式或对立式逻辑推理在语境中的表达可以用以下形式表现：

$$A，\sim A$$
$$A，A*$$

例如，有好就有坏；有善就有恶。

又如，没有丑，就没有俊。

在特定的语境中，根据形容词的矛盾式或对立式逻辑推理能够表达讲话的真实意图，而这种真实效果图，可以通过矛盾式或对立式的形容词逻辑关系推理出来。

例如，假若当时我已经能够记事儿，我必会把联军的罪行写得更具体，更"伟大"，更"文明"。

这句话中的"伟大""文明"均为反语，读者可以结合语境，推断出这句话所表达的真实意图。

（二）形容词程度逻辑推理在语境中的表达

形容词中的程度逻辑推理，通常使用叠词方式表达。

例如，长长的，高高兴兴的，大大的，小小的，等等。

长长的，通常表示较长或很长。

在语境中使用此类词语时，可以表达交际者强烈的意图。

一般而言，形容词程度逻辑推理在语境中的表达可以用以下形式表现：

$$A，A$$

（三）形容词数量逻辑推理在语境中的表达

形容词中表示数量多少的词语主要包括"多""少""全""许多""好多"等。这些词语中，有的表示确定数量，有的表示不确定数量，在语境中利用这些词语可以进行数量逻辑推理。

例如，这位作家写的所有作品全获得了大奖。

在这句话中，表达了作者对这位作家作品的肯定。

一般而言，形容词数量逻辑推理在语境中的表达可以用以下形式表现：

$$A \rightarrow B$$

（四）形容词色彩义逻辑推理在语境中的表达

与动词一样，一些形容词也具有强烈的色彩意义。在具体语境中，形容词的色彩义逻辑推理能够表达交际者的真实意图。

例如，这位姑娘有一双美丽的、如同黑葡萄般的眼睛。

又如，这汉奸长得贼眉鼠眼。

以上两句话中，通过对事物的独特描绘，用形容词的色彩义表现出作者的实际意图。

一般而言，形容词色彩义逻辑推理在语境中的表达可以用以下形式表现：

$$A \rightarrow B$$

四、代词逻辑在语境中的表达

代词是指语言中，具有代替和指示作用的词语。代词具体可以划分为人称代词、指示代词和疑问代词三种类型如表 4-4。

表 4-4　代词分类一览表

序号	类型	示例
1	人称代词	你、我、他、你们、我们、他们等
2	指示代词	这、这里、这会儿、这样
3	疑问代词	谁、什么、哪里

代词逻辑在语境中的表达主要可以划分为以下几种类型。

（一）泛指逻辑推理

泛指，并非指某一个具体的人，而是指适应某一情况的所有人。

例如，你来我往。这句话中的"你""我"均属于代词，然而这句话中的"你""我"却并不指具体的人，而是指适应这一情况的所有人。任何人均可以使用这句话。只有在具体语境中，才能确认这句话的指代。

例如，我哪儿也不想去，就想待在家里。

这句话中的"哪儿"并非指某一个特定的地方，而是表达说话者的一种意图。

在具体的语境中，交际一方可以借助代词的泛指逻辑推理表达真实的意图，交际的另一方则也可以借助代词的泛指逻辑推理理解对方的意思。

（二）"数"范畴逻辑推理

这里所指的"数"范畴逻辑推理是根据表示数范畴的词语来推断说话者所表达的意思是单数还是复数。

例如，你们中班的学生，都是积极上进的好学生。

这里的"你们"即表现出人多的意思。

又如，你们中班的学生，只有你一个不好好学习。

这句话中的"你们"指复数，"你"则指单数，表达了说话者对听话者的不满。

五、副词逻辑在语境中的表达

副词具体可以划分为程度副词、范围副词、时间副词、频率副词、情态副词、肯定否定副词、语气副词等多种类型如表4-5。

表4-5　副词分类一览表

序号	类型	示例
1	程度副词	更、还、最、稍、太、极、很、非常、略微
2	范围副词	都、只、仅、总共、唯独
3	时间副词	从来、暂时、一向、曾经
4	频率副词	经常、偶尔、再三、渐渐
5	情态副词	尽情、公然
6	肯定否定副词	必定、当然、莫、休、的确
7	语气副词	反正、果然、居然、幸亏

副词逻辑在语境中的表达具体表现在以下几个方面。

（一）程度副词的程度逻辑在语境中的表达

在语境中，程度副词能够通过程度的转换作为逻辑推理的依据。

例如，这里的景色是我见过的最壮美的景色。这里的"最"作为程度副词，强调了说话者对"这里景色"的高度赞美。

又如，这里的景色非常壮美，但我见过更壮美的景色。这句话表明说话者对"这里的景色"并不是十分喜爱。

（二）时间副词的时范畴逻辑在语境中的表达

在语境中，时间副词是人们进行时间逻辑推理的重要依据。

例如，他曾经是个上进的青年。这句话中的"曾经"表明之后的话语是很久之前的事情，而非现在的事实。

又如，他现在变得十分勇敢。这句话中的"现在"表明"他"在现实中的品质是"勇敢"，说明与过去相比，"他"的性格发生了一定的变化。

（三）副词的语义蕴涵逻辑在语境中的表达

在语境中，副词的存在，能够帮助交际双方更了解对方所表达的意思。

例如，爸爸又开始戒烟了。在这句话中，副词"又"表明"爸爸"已经不是第一次戒烟了。

又如，这位短跑运动员仅仅用了 9.8 秒就跑完了 100 米。这句话中的副词"仅仅"表明句子中的"短跑运动员"的表现十分优秀。

六、数量词逻辑在语境中的表达

数量词是表示数目和次序的词语，常用于人或事物之前。数量词可划分为以下几种类型如表 4-6。

表 4-6　数量词分类一览表

序号	类型	示例
1	数词	表示事物数目的词 例如，百、千、万、亿、兆、一、三、五、七、八等
2	量词	表示事物或动作单位的词语 （1）名量词：表示事物的单位，包括个、张、只、台、架、头、辆等； （2）动量词：表示动作的数量，一般在动词前表示动作的单位，包括斤、两、尺、寸等

数量词逻辑在语境中的表现主要体现在以下几个方面。

（一）概数逻辑推理在语境中的表达

数量词中存在一定的概数词，包括"几""数""若干""许多""上下""左右""多""一些"等。

例如，我有几把这样的扇子。

这些苹果的重量大概有十斤左右。

广场上有许多人。

以上三句话中的"几把""十斤左右""许多人"均表示了大概的数量，而非确切的数量。

在具体语境中，交际者可以通过概数推理表达其意图。

例如，我们有一些物资可以捐献给困难的群众。

这里所指的"一些物资"表明物资较多，而不是只有一个。

（二）量词逻辑推理在语境中的表达

语境中，通过借助量词对语意进行的逻辑推理即是指量词推理。

例如，他有一双儿女。

他现在已经一把年纪了。

第一句话中的"一双"表明了"他"儿女的确切数量，为两个。

第二句话中的"一把年纪"表明了"他"的年纪比较大。

（三）数量词的序逻辑推理在语境中的表达

数量词的序逻辑是指能够表达次序的序数词所进行的推理。

例如，今天是星期一。

这个月是三月。

以上两句话中，根据第一句话中的"星期一"可以推理出，昨天是星期日，明天是星期二。根据第二句话中的"三月"可以推理出下个月是四月。

（四）数量词的色彩义逻辑推理在语境中的表达

数量词与汉语中的其他词语一样，均具有一定的色彩意义。

例如，"一伙人"中的"伙"，表明说话者对"一伙人"的厌恶。

在具体语境中，交际双方可以借助数量词的色彩义逻辑推理表明自身的立场和观点。

（五）数量词的隐含义逻辑推理在语境中的表达

数量词的转义逻辑推理是指在具体语境中，交际双方根据数量词的相似发音等而赋予数量词一定的隐含意义，并通过数量词的隐含义表现真实的目的和观点。

例如，汉语中的"八"与"发"的发音较为相似，因此，人们常常使用"八"表示吉利。因此，当说话者使用"八"时，听话者可以通过"八"的隐含意义进行逻辑推理，发现说话者的真实意图。

七、成语逻辑在语境中的表达

汉语成语作为一种表达实际意义的特殊词语，与其他类型的实词一样，也可以在人们的思维中起着表达概念、判断和推理的作用。成语逻辑在语境中的表达具体可从以下几个方面体现出来。

（一）成语的概念表达在语境中的运用

概念是逻辑知识的基础，也是判断、推理的基础。概念的产生和存在均需要借助有声有形的语词来实现。成语作为固定词组形式，可以充当句子的主语、谓语、宾语、定语、状语和补语，其作用相当于一个具有完整意义单位的词语。成语表达的概念与其他实词表达的概念一样，可以反应概念的内涵和外延。

汉语成语的来源和形成过程十分复杂，所表达的意义千变万化。有的成语所表达的意义具有直观性，可以从字面上理解，例如，欢欣鼓舞、百年大计等。有的成语所表达的意思则需要进行引申才能理解，例如，口蜜腹剑、守株待兔等。一般而言，成语表达的概念需要结合具体的语境进行分析。

例如，我们在工作中应当坚持实事求是的思想。

这句话中的"实事求是"即属于成语，其含义是科学地研究客观事物的规律，也指如实反映情况或按照实际情况办事。其在语段中的意义相对固定，且简单明了，能够概括思维对象的本质特征，直接表达概念。

又如，成功的道路并不是一帆风顺，而是艰难曲折，如果不付出极大努力，很难获得成功。

这句话中的成语"一帆风顺"原意为船上挂满了帆，一路顺风。在这句话中，使用的是一帆风顺的比喻义和引申义，即比喻境遇顺利，毫无挫折，其与"顺利"一词所表达的概念基本相同，因此通过比喻义和引申义表达概念。

此外，成语作为一个语词在句子中使用时，在特定的语境中只表达一个明确的概念，这是由成语的整体意义决定的。

例如，古代一些贫民生活极其艰苦，上无片瓦，下无插针之地。

这句话中的"上无片瓦，下无插针之地"字数多，结构复杂，但在句子中充当特殊语词，表达一个概念，相当于"一无所有"所表达的概念。

综上所述，成语作为一种固定的语言形式在句子中起着概念的作用，一些成语的意义较为直白，在语境中可以直接表达概念，一些成语在基础意义上，还具有比喻义和引申义，在语境中通常借助其比喻义和引申义表达概念。无论成语的结构多么复杂，其在语境中所表达的概念均为一个概念，而非多个概念。

（二）成语的判断表达在语境中的运用

判断是客观对象在人们头脑中的反映，是对思维对象有所断定的思维形式。判断的逻辑特征是任何判断都必须有明确的断定，且具有真假之分。成语在具体语境中表达判断时也必须满足这两个条件，否则成语就不能表达判断。

成语在具体语境中表达判断的前提是从语法作用上明确成语在具体语境中是否能够独立使用，从词语功能转变为句子功能。如果成语在具体语境中能够独立使用，那么其就可以表达判断。否则，如果成语在具体语境中不能独立使用，而是只能作为句子的某个成分使用，那么，成语在具体语境中就只能表达概念而非判断。

例如，和珅作为清朝的大贪官，东窗事发，得到了应有的惩罚。

这句话中的成语"东窗事发"比喻密谋败露，罪案发作。在这句话中指和珅的贪腐行为被揭露，是对思维对象的判断，因此，其可以在上述语境中表达判断。

值得注意的是，在一些特定的语境中，一些成语即使独立成句也不能表达判断的，这需要由具体的语境决定。

例如，篮球比赛中，双方竞争十分激烈，比分咬得很紧，暂时落后一方的教练朝着球员大喊道：攻其不备，善始善终。

上例中"攻其不备，善始善终"作为一个独立的句子使用，然而这句话表达的意思是教练的战术上的指令，而不是对客观对象进行的断定，因此这句话中的成语不能表达判断。

成语与其他实词不同，其是在历史发展中逐渐形成的具有高度浓缩性的语词，成语的意义不仅包含字面意思，还包括比喻义和引申义，成语所表达的判断需要由具体语境决定。

例如，一个正直有骨气的爱国者面对汉奸的威胁和恫吓毫不畏惧，沉着冷静，引得围观群众在心中默默称赞："好样的，面不改色！"

例句中的"面不改色"作为一个成语，本义为脸上不改变颜色。形容遇到危险时从容镇静。结合例句的特定语境，成语"面不改色"是对爱国者行为的肯定和赞扬。

又如，小偷在偷窃时被抓，仍然找各种说辞狡辩，居然面不改色，真是令人愤慨。

上述例句中的"面不改色"的本义和引申义与上一例句相同，然而在这句话中表示对小偷行为被揭穿后当众说谎却不感到脸红的谴责与否定。

此外，一般而言，成语中短句式的成语在语境中表达判断的能力较强，例如，远水解不了近渴；好书不厌百回读；仁者见仁，智者见智；秋风扫落叶；秤砣虽小压千斤；英雄无用武之地；独木不成林；恨铁不成钢；好事不出门，恶事传千里；顾头不顾尾，顾前不顾后；换汤不换药；只许州官放火，不许百姓点灯；山上无老虎，猴子称大王；积财千万，不如薄技在身国；勿以恶小而为之，勿以善小而不为；一寸光阴一寸金，寸金难买寸光阴；先天下之忧而忧，后天下之乐而乐，等等。

（三）成语的推理表达在语境中的运用

概念、判断、推理均属于逻辑范畴，其中推理是较概念和判断更加复杂的思维形式，是人们根据一定的逻辑规则，从一个或多个已知的判断，推断出一个新的判断的思维形式。成语在语境中可以表达推理。

例如，做好事不分大小，勿以恶小而为之，勿以善小而不为，讲得就这个意思。

这句话中的成语"勿以恶小而为之，勿以善小而不为"这一成语中包含的推理的前提是，做好事不分大小，即使是微不足道的好事也要做。

又如，俗话说，山中无老虎，猴子称霸王。小明这几天也忒咋呼了点。

这句话中的"山中无老虎，猴子称霸王"作为一个成语，比喻当一座山里没有老虎的时候，猴子都可以在山上耀武扬威称王了，比喻的是在没有出色人才的情况下，差一些的也可以去充当主要角色，包含深刻的讽刺意味。结合语境，根据这一成语进行推理，可以得出：小明的能力不强，只是大家都不出色，才让他出头的意思，包含着对小明的讽刺。

在具体语境中成语推理往往将自身的固有表层含义和语境中的深层含义相结合，形成生动形象，委婉含蓄的推理。例如，山中无老虎，猴子称霸王，以形象的比喻对相关对象进行了讽刺。

综上所述，成语作为一种特殊的固定结构，可以在句子中充当实词。成语逻辑在语境中的表达可以借助成语的概念表达、判断表达和推理表达体现出来。

第二节　虚词逻辑在语境中的表达

虚词与实词相对，在汉语中，泛指没有完整意义的词汇，但有语法意义或功能的词。虚词不能单独成句，在具体语言表达中，必须依附于实词或语句才具有语法意义。本节主要对虚词中的介词逻辑、连词逻辑、助词逻辑在语境中的表达进行详细分析。

一、介词逻辑在语境中的表达

汉语中的介词通常用在名词、代词或名词性词组之前，表示时间、处所、范围、原因、目的等意义。汉语中的介词可以划分为以下几种类型如表 4-7。

表 4-7 汉语介词的类型划分一览表

序号	类型	示例
1	时间、处所介词	自、从、往、到、朝、向、顺着、沿着、于、打、随着、自从
2	方式介词	按照、依照、经过、根据、按、依、以、凭
3	目的介词	为、为了、为着
4	原因介词	因、因为、由于
5	对象、范围介词	对、对于、关于、把、向、跟、同
6	排除介词	除、除了、除非
7	被动介词	被、叫、让、给
8	比较介词	比、同、和

汉语介词逻辑在语境中的表达具体可以划分为以下几种类型。

（一）介词的时间逻辑在语境中的表达

介词的时间逻辑在语境中的表达即为时间介词的语用逻辑。

例如，员工应当在早上 8:30 之前打上班卡。

这句话中的介词"在"位于时间"早上"之前，表明了员工打卡的时间，由此可以进行逻辑推理，即这家公司的上班时间为 8:30。

（二）介词的处所逻辑在语境中的表达

介词的处所逻辑在语境中的表达即为处所介词的语用逻辑。

例如，妈妈把宝宝送到幼儿园。

这句话中的介词"到"，位于处所"幼儿园"之前，因此，据此进行逻辑推理，妈妈把宝宝送到的地方不是其他处所，而是"幼儿园"。

（三）介词的范围逻辑在语境中的表达

介词的范围逻辑在语境中的表达即为范围介词的语用逻辑。

例如，在学校要对小学生开展劳动教育。

这句话中的范围介词"在"表明要对小学生而非其他学生开展劳动教育。

（四）介词的原因/目的逻辑在语境中的表达

介词的原因逻辑在语境中的表达即为原因介词的语用逻辑。

例如，为了练好字，他下了苦功夫。

这句话中的原因介词"为了"表明了"他"下苦功夫的目的是练好字，而不是其他目的。

（五）介词的方式逻辑在语境中的表达

介词的方式逻辑在语境中的表达即为方式介词的语用逻辑。

例如，小明按要求放学后把行李送到车站。

这句话中的"按要求"表明了小明并非自愿在放学后将行李送到车站，而是按照某人的要求而做的。

二、连词逻辑在语境中的表达

连词是在语句中起连接作用的词语，其所表现的意思十分多样，包括并列关系、递进关系、选择关系、转折关系、因果关系、条件关系、让步关系、假设关系、目的关系等如表4-8。

表4-8　汉语连词类型划分一览表

序号	类型	示例
1	并列关系连词	和、跟、同、与、及、以及
2	递进关系连词	并、并且、不但……而且、不仅……还、而、而且
3	选择关系连词	要么、还是、或者、宁可、与其、不是……就是
4	转折关系连词	但、但是、可、可是、不过、然而、却、只是
5	因果关系连词	因为、由于、所以、因此、因而、难怪、既然

续表

序号	类型	示例
6	条件关系连词	无论、不管、只有、只要、除非
7	让步关系连词	虽、虽然、即使、哪怕、就是、固然、尚且
8	假设关系连词	如果、要是、假若、假使、否则、要不然
9	目的关系连词	省得、免得、以、以便

汉语连词逻辑在语境中的表达主要表现在以下几个方面。

（一）连词并列逻辑在语境中的表达

连词并列逻辑在语境中的表达即为并列关系连词的语用逻辑。

例如，小明的演讲既生动又有趣。

这棵树上的苹果又大又圆。

这句话中的"既……又""又……又"均表示其后的形容词存在并列关系。在具体语境中，交际者通过并列关系连词即可对语义进行推断。

（二）连词递进逻辑在语境中的表达

连词递进逻辑在语境中的表达即为递进关系连词的语用逻辑。

例如，这件物品放在高处，高个子尚且够不到，更不用说矮个子了。

这句话中的"尚且……更"属于递进关系连词。交际双方可以通过递进关系连词逻辑，推理出说话者所表达的意思是，物品放得太高了。

（三）连词选择逻辑在语境中的表达

连词选择逻辑在语境中的表达即为选择关系连词的语用逻辑。

例如，宁为玉碎，不为瓦全。

这句话中的"宁……不"即属于递进关系的连词。递进关系连词表现了哪怕要碎掉的玉也不要完整的瓦的意思。

在实际语境中，交际者可以通过具有递进关系的连词来进行逻辑推理，表达真实的意图，或了解说话者话中的真实内涵。

三、助词逻辑在语境中的表达

助词是汉语中起辅助作用的词语，具体又可划分为结构助词、动态助词和语气助词三种类型如表 4-9。

表 4-9　助词类型一览表

序号	类型	示例
1	结构助词	的、地、得
2	动态助词	着、了、过
3	语气助词	啊、吗、呢、吧、呀、哇

助词逻辑在语境中的表达主要体现在以下三个方面。

（一）结构助词逻辑在语境中的表达

结构助词逻辑在语境中的表达即结构助词的语用逻辑。

例如，这是我的苹果。

根据这句话中"的"字即是结构助词可以进行逻辑推理，这句话中的意思即是苹果归"我"所有。

（二）动态助词逻辑在语境中的表达

动态助词逻辑在语境中的表达即动态助词的语用逻辑。

例如，屋里的灯亮着。

这里的动态助词"着"指灯正在进行的状态，根据灯"亮着"的状态，可以进行逻辑推理，表明屋里有人。

（三）语气助词逻辑在语境中的表达

语气助词逻辑在语境中的表达即语气助词的语用逻辑。

例如，你完成作业了吗？

这句话中的语气助词"吗"表明说话者不知道听话者是否完成了作业。

第三节　汉语的词类逻辑在语境表达中的原则

汉语的词类逻辑在语境中的表达应当遵循一定的原则，本节主要对此进行详细分析。

一、同一性原则

汉语的词类逻辑在语境表达中的同一性原则是指在同一个语境中，无论实词或虚词所指称的概念均应保持同一性，不能随意变化，否则就会出现歧义，对交际造成阻碍。一旦违反了同一性原则，词类逻辑将会被打破，进而引发各种逻辑错误。具体包括以下几种类型。

（一）混淆概念

1. 词素混用

汉语中所有的词语均是表达概念的，反映了事物的属性。汉语词语所表达的概念具有约定俗成的特点，词语中的词素不能任意替换，否则如果出现词素混用的情况，就会导致概念混淆，出现逻辑错误。

以"道路"为例。

道路，指供各种无轨车辆和行人通行的基础设施，按照道路使用的特点，可以划分为公路、城市道路、乡村道路、厂矿道路、林业道路、考试道路、竞赛道路、汽车试验道路、车间通道以及学校道路等。

"道路"这一词语的概念是人们约定俗成的，如果替换了其中的语素就会变成另外的概念，在特定的语境中进行表达时，易出现概念混淆等逻辑错误。

以"通往成功的道路很长"这句话中的"道路"不能称为"路道"，同样，也不能称为"大路""小路""通路"等，否则就会产生逻辑错误。此外，在交际的特定语境中，交际双方对于词语的意义必须保持统一性，如果任意替换词语的语素则会造成交际双方的歧义。

例如，小明：这条道路通往图书馆，我们要走这条道路。

小刚：我知道一条路道，能够在更短的时间到达图书馆。

在这一特定的语境中，"道路"与"路道"所指的意义相同，尽管小刚将"道路"说成"路道"，然而由于"路道"一词作为一个概念，并没有特指意义，因此交际双方在特定的语境中可以理解对方所指。如果词素混用，形成了两个均有明确指向的概念，则会产生重大歧义。

以"儿女"和"女儿"为例。这两个词语的语素相同，顺序发生了变化，即形成两个完全不同的概念。"儿女"作为一个概念，指子女，可以指男孩也可以指女孩，还可以指男孩和女孩。而"女儿"作为一个约定俗成的概念则是指女孩。在具体语境中，这两个词语的语素如果混用，则会导致逻辑错误，产生歧义。

例如，甲：小明有一双儿女，都极聪慧。

乙：哦，原来小明有一双女儿。

这句话中的"儿女""女儿"即属于语素混用，在同一语境中，出现了两个不同的概念，交际双方所指的意思发生了重大错位，产生了逻辑错误和理解偏差。

此外，一些词语较长，不能随意缩短，否则就会出现由于语素更换，破坏原有词语的逻辑关系，形成新的词语概念的情况。例如，"小商品市场"不能简写为"小场","上海吊车厂"不能简为"上吊","男式皮鞋"不能简写为"男鞋"等。

值得注意的是，除了一般词语外，成语、谚语、惯用语具有特定的含义，一经形成就成为具有稳定逻辑结构的整体，因此其逻辑构件和逻辑顺序不能任意拆卸组装，更换语素，否则就破坏了成语对概念的表述。

例如，"一掷千金"不能写成"一掷万金","十拿九稳"不能写成"九拿十稳"等。

2. 词语杂糅

杂糅是指不同的事物混杂在一起，汉语词语概念的范围不同，词语杂糅通常将不同范围的概念混用在一起，从而造成词语逻辑错误。

例如，小明家的院子里有一块专门开辟出来的菜地，里面种植着豆角、黄瓜、西红柿、苋菜、蔬菜、青椒。

这句话中的"蔬菜"与"豆角、黄瓜、西红柿、苋菜、青椒"属于不同的概念范畴，"豆角、黄瓜、西红柿、苋菜、青椒"均类属于蔬菜范畴，将其与"蔬菜"并列，就会出现逻辑错误，影响概念的准确表达。

在特定的语境中，词语杂糅所造成的词语逻辑错误，易引发交际双方的误解。

例如，唐代的太师、太傅、太尉、司空、司徒、尚书令、太子少师、丞相的官职形成了不同的官职品级。

这句话中的"丞相"不属于唐代官职，其与唐代官职一同罗列属于词语杂糅造成的历史逻辑错误。如果不能纠正，则会对不熟悉历史的读者产生错误的引导。

3. 张冠李戴

张冠李戴意思是把姓张的帽子戴到姓李的头上；把这一方涉及的过程安插给那一方，比喻认错了对象，弄错了事实。汉语词语均具有特定的概念和一定的适用范围，如果在具体语境中使用不当，就会出现张冠李戴的错误。

例如，人民群众是英雄，这个人民群众也是英雄啊！

这句话中存在两个"人民群众"，从概念上来看，这两个"人民群众"所表达的语义完全相同，然而，在这句话的语境中，这两个概念所指的范畴存在差异。前一个"人民群众"属于集合概念，后一个"人民群众"属于非集合概念，两者相互之间所指不同，易出现张冠李戴、偷换概念的错误，造成逻辑思维和表达混乱。

又如，最近的猪肉价格涨得太快了，颇有些青云直上的意思。

这句话中的"青云直上"作为一个成语，特指官员的职位升得很快很高，不能用来指物价。在上例中的特定语境中，如果用"青云直上"来形容猪肉价格的涨势则会造成张冠李戴，人物不一的逻辑错误。

4. 同音词语混用

同音词混用，属于张冠李戴的范畴，因其具有较强的典型性，所以对其进行单独讨论。汉语言属于表意文字，是音、形、义的统一体，汉语的音节数量有限，然而有限的音节却能够表达无限意义，因此导致汉语中存在大量同音字词。

例如，"ru"的同音字包括：如、儒、孺、铷、嚅、颥、襦、繻、蠕、鴽、曘、帤、鴽、鱬、笻、袽、醹、薷、伽等。

除了汉语词语之外，汉语词语中的同音词的形成还包括语音演化、词义演变、造词时语音形式偶合、借用外来词、社会新造词、方言词语进入普通话等，同音词造词如表 4-10。

表4-10　同音词造词一览表

序号	原因	示例
1	语音演化	"木盘儿""木牌儿"等由于儿化音而产生的同音词语
2	词义演变	"北京人""南京人"等

续表

序号	原因	示例
3	造词时语音形式偶合	"枇杷/琵琶""夙志/素志""最后/醉后""人身/人参""权利/权力""心酸/辛酸""合计/核计""姻缘/因缘""实验/试验""终止/中指""治病/致病""退化/蜕化""商人/伤人""哝哝/恢恢"等
4	借用外来词	"便士/便是""的士/敌视""托福/托福""数码/树码"等
5	社会新造词	"博导/驳倒""炒股/炒古""防暴/防爆""神舟/神州"等
6	方言词语进入普通话	"共识/共时""封杀/风沙""融资/容姿""墙报/强暴"等

由于汉语中存在的大量混淆词语的可能性。

例如，"北京人"即具有两种含义，一种指史前人类，另一种则是指生活在北京的人。如果在特定的语境中，说话者和听话者不能坚持同一性原则，则会产生词语语义混淆。

综上所述，汉语词语有着特定的构词方式，汉语词类逻辑在语境中表达时，应当注意杜绝乱用语素、词语杂糅、张冠李戴和同音词混用等错误，杜绝语境表达中汉语词类的逻辑错误。

（二）偷换词义

汉语中除了存在大量同音字词之外，还存在大量多义词。这里的多义词指汉语中的"一词多义"现象。多义词则是指一个词有两个或两个以上既有联系又不相同的词汇意义。多义词大多是单义词随着发展，逐渐转化而形成的见表 4-11。

表 4-11　多义词类型和特点一览表

序号	类型	特点	示例
1	概念义使用对象不变，表示的对象特点深化	现代汉语中有一类词表示最基本的自然现象和动植物名称，它们的描述对象虽然古往今来没有太大的变化，但是随着社会的发展，科学不断进步，人们对自然现象和动植物等事物的认识不断深化，这些词的概念义所表示的对象特点也随着发生了变化	例如：土原指地之吐生物者也。现在指土壤，泥土

续表

序号	类型		特点	示例
2	常用词词义扩大	空间从部分到整体	词语的适用对象从部分发展到整体（指空间），表示的对象特征也随着变化	例如，脸，目下颊上也。今"脸"指整个脸面。"脸"原指"目下颊上"的部分，今指"从额到下巴"的部分，其适用对象在空间上扩大了，表示的对象特征（即对所指部位的限制），也随着变化
		成员从部分到整体	词语的适用对象从部分发展到整体（指成员），表示的对象特征也随着变化	如：妇人古称士之妻曰妇人。"妇人"原指"同士匹配的女子"，现指"已婚的女子"
		对象从特殊到一般	词语的适用对象从单一的事物发展到一般的事物，其表示的对象特征也随着变化	"河"原指固定的某一条河，即现在的黄河，现代汉语中的"河"泛指水量大流入其他江河或是海的河流
		适用对象扩大	表形状的词适用对象扩大	"动听"适用对象原是言辞。现在扩大了，还可用于声音、音乐
		行为变化的主体扩大	表动作行为变化的词的行为变化的主题扩大	"瞎"的行为变化的主体原是"一目"，后扩大为也可用于双目
		表动作行为的词关系对象扩大	表动作行为的词表示的动作行为所影响所涉及的对象是它的关系对象，一般是动作行为的受害者	"洗"的关系对象原只限于脚，后来扩大到一般的物体
3	常用词词义缩小	空间从整体到部分	空间上整体到部分名词的适用对象从整体变为部分（指空间），表示的对象特征也随着变化	"肌肉"在古代指"肌"和"肉"，包含肌肤和肉，是皮肤和肉的统称。而在现代汉语中"肌肉"只指肉
		成员从整体到部分	词语的适用对象从整体变为部分（指成员），表示的对象特征也随之变化	"学者"在春秋战国时期指"求学的人"，现在特指在"学术上有一定成就的人"
		表形状的词适用对象缩小	表形状的词适用对象缩小	"皎洁"原来的适用对象可以是花、心等，所指较为宽泛，而现在一般只用于形容月亮
		表动作行为的词行为主体缩小	表动作行为的词行为主体缩小	结婚在古代表示结为婚姻之好，也称男女结成夫妇，现代汉语中的结婚特指男子和女子经过合法手续结合成为夫妇
		表动作行为的词关系对象缩小	表动作行为的词关系对象缩小	"营业"的关系对象原是一般百姓的生计，现缩小为商业等行业经营的业务

续表

序号	类型	特点	示例
4	常用词词义转移	词性不变，原义和后起义的适用对象之间没有整体和部分，类和种，多类对象和其中一类对象，词义转移后与词义转移前的关系是多类对象同其中一类对象的关系）的关系，表示的对象特征也不同；或者是词义转移后，词虽然保留了一部分相同的适用对象，但其表示的对象特征完全不同	"主人公"的本义原指主人，现代汉语中指文学作品的中心人物，本义和后起义的使用对象不同类，表示的对象特征也不同
		词性发生转换	"布告"的本义原指对众宣告，公告，其词性为动词，现代汉语中指机关、团体等张贴出来通告群众的文件，演变成为了名词

　　多义词的大量存在是词汇丰富的一种表现。多义词丰富了词汇的内容，扩大了词汇的应用范围，因此具有一定的经济性特点。多义词对语境通常有较强的依赖性，在同一个语境中，只能有一个义项适用，否则就会产生歧义。

　　例如，"关门"既表示商店停止营业的意思，又指工人下班的意思。在特定的语境中，交际者中的一方如果故意偷换概念，则会造成逻辑混乱，双方无法达成一致的情况。因此，汉语的词类逻辑在语境中的表达应当遵循同一性原则。

二、客观性原则

　　客观性原则是指在语境中，每个词语的词义及其所表达的概念均是约定俗成的，具有不依赖于语境的客观性。因此，在特定的语境中，汉语词语的使用应当遵循客观性原则。如果违反了汉语词语的客观性原则，则会造成的词语的逻辑错误。

（一）交际者随意解释词语的含义

无论实词和虚词均在汉语中存在着一定的功能。尤其是汉语实词具有特定的词义，这些词义属于约定俗成的意义。如果交际者不能遵循词语的这种约定俗成的意义，则会造成交际者随意解释词语的含义的特点。

以成语"大智若愚"为例。成语起源于历史故事、神话传说等，具有特定的含义和引申义。如果人们无视这些意义，而是随意解释这些成语的含义则会造成语义混乱。"大智若愚"形容聪明的人，不炫耀自己，从表面看好像很愚笨。

例如：小明平明看起来挺聪明的，没想到是大智若愚啊。

这一例句中的说话者没有遵循大智若愚的原本含义，误解了大智若愚的词义，随意解释和理解该成语的含义，造成了句子前后语义的逻辑错误。

此外，汉语中存在大量多义词语，如果交际者不能在语境表达中坚持词类逻辑的客观性原则，则会导致语境表达的逻辑错误，造成信息错乱。

以成语"顶礼膜拜"为例。"顶礼膜拜"本义是虔诚地跪拜，比喻崇拜到了极点，该词语既可以表示褒义，也可以表示贬义。

例如，关公的忠义仁勇，受到人们的顶礼膜拜。

这句话中的"顶礼膜拜"一词属于褒义。

又如，这个历史上有名的贪官，曾称霸一方，无数贪官污吏对其顶礼膜拜，开成了特定历史阶段的不正之风！

这句话中的"顶礼膜拜"一词具有贬义。

在具体语境中，无论说话者还是听话者，均应本着客观性原则，从语境的客观实际出发，深刻理解说话人所指。

（二）交际者对概念进行偷梁换柱

在特定的语境中，如果交际者故意对概念进行偷梁换柱，则会对交际产生阻碍。

例如，人类是伟大的，我是人类，所以我是伟大的人。

这句话中的两个"人类"所指代的对象不同，前一句话中的"人类"所指代的对象范围不同，前者指全体人类，后者指单独的、特定的人类。在语境中，不能将对象范围不同的概念混用，不用以偏概全，也不能以大指小，否则就会出现偷梁换柱的逻辑错误。

又如以下句子。

小刚：小明，又是一年了，你怎么还是一个人？

小明：我当然还是一个人，难道你不是人吗？

这个例句中的"一个人"所指的语义不同，前一句话中的"一个人"指"单独的一个人"暗指小明的婚姻状况。后一句话中的"一个人"指人的属性，具有"人类"之意。在这个例句中，小刚暗指小明这一年来还没有解决婚姻大事，小明的回答则偷换了概念，故意混淆了"人"的集体类属与个体类属，表明自己是人类，回避了小刚的问题。

综上所述，汉语的词语逻辑在语境中的表达应当遵循同一性原则和客观性原则。

第五章　汉语的句用逻辑在语境中的表达

第一节　句类逻辑在语境中的表达

句类是指句子的语气类型，根据句子的语气，汉语句子可以划分为陈述句、疑问句、祈使句、感叹句四种类型。本节主要对句类逻辑在语境中的表达进行详细分析。

一、陈述句逻辑在语境中的表达

陈述句是用来叙述和说明事实的，具有陈述语气的语句。陈述句在语境中的使用极其广泛，陈述句可以细分为判断句、叙述句、说明句、描写句，以表达不同的逻辑关系。陈述句逻辑在语境中的表达是指以陈述句为前提进行的推理，换言之，即指陈述句的语用逻辑。

（一）陈述句预设逻辑在语境中的表达

预设是语境表达的重要元素，也是句用逻辑在语境中进行表达的关键。陈述句中所包含大量预设信息。在特殊语境中，运用陈述句的预设逻辑可以对句子中所设定的意义进行逻辑推理。

例如，小明在读小学一年级。

这句话中包含一个预设，即有个人叫"小明"，根据这句话可以推断出，小明是一位年龄在 6～7 岁左右的小朋友。

又如，小明的自行车是蓝色的。

这句话中包含着一个预设即：小明有一辆自行车。在此预设的基础上才能够进行进一步判断。

（二）判断句的逻辑在语境中的表达

陈述句的判断逻辑在语境中的表达，这里特指陈述句中的判断句的逻辑在语境中的表达。

从判断句所表达的意义可以将判断句划分为属性判断句、关系判断句等类型，不同类型的判断句的逻辑在语境中的表达也不尽相同。

1. 属性判断逻辑在语境中的表达

判断句的属性判断逻辑可细分为直接逻辑和间接逻辑两种类型。

（1）判断句的直接逻辑在语境中的表达

以一个判断句为前提进行的逻辑推理属于直接逻辑推理范畴。

例如，杨树是一种树。

判断句的直接逻辑推理可以根据句子主语和谓语的逻辑关系进行推理。

例句中的"杨树"为主语，"是"为谓语，主语和谓语之间是简单的肯定关系。

又如，散文不是小说。

这句话中的主语为"散文"，谓语动词为"不是"，属于判断句的直接逻辑推理，表明"散文"和"小说"是两个不同的概念，两者不能等同。

（2）判断句的间接逻辑在语境中的表达

两个或两个以上的判断句为前提进行的逻辑推理属于间接逻辑推理，判断句的间接逻辑推理大多以两个或三个判断句为前提进行的逻辑推理，又称为三段式逻辑推理。

三段式逻辑推理，一般建立在三个逻辑项关系之上。

例如，鸟类有羽毛，小麻雀是一种鸟，所以小麻雀有羽毛。

这句话中的第一部分的逻辑项为"羽毛"，第二部分的逻辑项为"鸟"，第三部分的逻辑项为"小麻雀"。

除了逻辑项之外，这句话中还存在两个前提，即大前提和小前提，其中，大前提是"鸟类有羽毛"，小前提为"小麻雀是一种鸟"，在大小两个前提的基础上，通过层层逻辑推理得出"小麻雀有羽毛"的结论。

又如，习惯是可以养成的，自律是一种生活习惯，所以自律是可以养成的。

这句话中的大前提是"习惯是可以养成的"，小前提是"自律是一种生活习惯"，经过大小前提的层层逻辑推理，得出"自律是可以养成的"这一结论。

2. 关系判断逻辑在语境中的表达

判断判断逻辑是指对事物对象之间的关系进行断定的句子。

例如，宋朝早于明朝，明朝早于清朝，因此清朝晚于宋朝。

这句话中的三部分文字之间均存在关系判断逻辑，第一部分阐明了宋明和明朝之间的关系，第二部分阐明了明朝与清朝之间的关系，在这两部分的基础之上，推理出清朝与宋朝之间的关系。

陈述句的关系判断逻辑在语境中可以划分为对称关系逻辑推理、非对称关系逻辑推理、传递关系逻辑推理和非传递关系逻辑推理四种类型如表 5-1。

表 5-1　关系判断逻辑推理类型一览表

序号	推理类型	例句	说明
1	对称关系逻辑推理	小张和小王是同事，所以小王和小张也是同事	这句话中的两部分之间呈现出对称性，属于对称关系逻辑推理

续表

序号	推理类型	例句	说明
2	非对称关系逻辑推理	小张的年龄比小王大，所以小王的年龄不比小张大	这句话中的两部分之间，不存在对称关系，因此属于非对称关系逻辑推理
3	传递关系逻辑推理	天下之本在国，国之本在家，家之本在身，所以天下之本在身	这句话中的几部分之间存在层层递进的传递关系逻辑推理，属于传递关系逻辑推理
4	非传递关系逻辑推理	爸爸的父亲是爷爷，爷爷是叔叔的父亲，所以爸爸和叔叔之间不是父子关系	这句话中的三部分之间不存在传递关系逻辑推理，因此属于非传递关系逻辑推理

（三）叙述句的逻辑在语境中的应用

叙述句具体指叙述事情的经过或人的言行的语句。叙述句具体可以划分为叙事语句和记人语句两种类型。其中以叙事为前提进行的逻辑推理即为叙事语句逻辑推理；以记人为前提进行的逻辑推理属于记人语句逻辑推理，这两种叙述句的逻辑在语境中的应用主要体现在以下几个方面。

1. 叙事语句逻辑推理在语境中的应用

叙事语句逻辑推理在语境中应用时往往通过对事件发生的时间、地点、过程、发展和结局进行的描绘，从而进行逻辑推理。

例如，昨天是星期天，小明和小红上午一起到游乐场玩。他们先玩滑梯，再玩小火车，后来还坐了摩天轮，两人直到中午才各自回家。

这句话中对通过对事件人物小明和小红在星期天上午的活动进行了描绘，整段话以叙事语句逻辑为主，通过连接词"先""再""后来""直到"等词语铺设了事件的时间线索，使得整个事件的条理十分清晰。

又如，1839 年 6 月，为了杜绝鸦片继续在国内大肆传播，林则徐下令在虎门海滩当众销毁鸦片，历时 23 天，共计销毁约 238 万斤鸦片。

这句话中，通过时间、地点、事件、时长、事件的结果等多个因素对虎门销烟事件朝廷了描绘。

2. 记人语句逻辑推理在语境中的应用

记人语句逻辑推理往往通过对人物的长相、身份、修养学识等多个方面进行描绘，从而进而逻辑推理。

例如，这位监考老师一进来，教室里立刻停止了说话声。他高高的鼻梁，又黑又长的眉毛下，镶嵌着一双炯炯有神的眼睛，鼻子下长着连浓密的胡须，使人一看便知道这是一位严厉的监考老师。他向教室扫视了一遍，才开始讲话：同学们，今天是你们向祖国汇报小学学习成绩的时候，一定要细心地做题，不能有一点儿马虎，接到试卷后，要看清题目，不要左顾右盼，交头接耳，要认真答卷，争取考出好成绩来。

在这个例子中，通过对监考老师的长相、话语的描绘，由于记人语句逻辑推理的存在，读者能够通过一定的逻辑推理帮助读者在短时间内建立起监考老师的印象。

又如，他瘦瘦的身体却撑着一个大大的脑袋，真让人担心弱小的身体能撑得住吗？他的脸白白的，最引人注目的要属他那双水汪汪的大眼睛了。

这一例子中，读者通过记人语句的逻辑即可以获得"他"的深刻印象。

（四）说明句的逻辑在语境中的应用

说明句是对事物进行和事理进行说明的句子。

例如，鲸是一种生活在海洋中用肺呼吸的最大哺乳动物，它们一共分为两类：一类是须鲸没有牙齿的鲸；另一类是齿鲸有牙齿的鲸。不少人以为鲸是鱼类，管它叫鲸鱼，后来经科学考证鲸不鱼类，鲸用肺呼吸。它的祖先生活在陆地，跟牛羊它们一样。然来它们的环境发生了变化，它们的前脚渐渐变成鳍，后肢完全蜕化，又生活在海中，但它们用肺呼吸，头上有鼻孔，水从鼻孔喷出来形成一股水柱，像花园中的喷泉一样。须鲸的水柱是直的，又细又高；而齿鲸的水柱是斜的，又细又短。鲸是胎生，而且是哺乳动物，它有胎生但不是靠母乳喂养。最小的鲸有 1 米多长，最大的有 30 多米长。他们的寿命很长，有的能活到 100 多岁。

这段话以说明句为前提进行推理，对鲸鱼进行了详细介绍，使读者得以对鲸鱼进行了解。

（五）描写句的逻辑在语境中的应用

描写句是描绘人物、动物或景物的状态特征的语句。

例如，古诗《咏鹅》中的后三句"曲项向天歌，白毛浮绿水，红掌拨清波"就属于描写句，根据这三句话进行逻辑推理可以得出以下结论：

鹅昂头朝天叫。

鹅有白色的羽毛。

鹅会游泳。

总的结论即是：鹅是一种会昂头朝天叫、有白色的羽毛、会游泳的动物。

二、疑问句逻辑在语境中的表达

疑问句是指提出问题的句子，可细分为有疑问句、无疑问句。疑问句逻辑在语境中的表达，主要可以划分为反问逻辑、问项逻辑、问答逻辑三种类型。

（一）疑问句的反问逻辑在语境中的表达

疑问句中的无疑问句可以称为反问句，其实际作用在于表达判断，从形式上来看，反问句表达的意思既可以是肯定也可以是否定，具体的意思应当根据具体的语境进行分析。疑问句的反问逻辑在语境中的表达即是指疑问句的反问语用逻辑。

例如，难道春天不是万物复苏的季节吗？

这句话用反问的句式，表达春天是万物复苏的季节的意思。

又如，苹果不是圆的，还是方的？

这句话用反问的句式，表达苹果应该是圆的这一意思。

一般而言，疑问句的反问在语境中的表达可以使用特定的句式来表示：

1. 难道是××吗？

这句话表示不是××的意思。

2. 难道不是××吗？

这句话表示就是××的意思。

（二）疑问句的问项逻辑在语境中的表达

疑问句中的"问项"是指句子中被疑问的对象。根据疑问句中的问项内容，疑问句的问项逻辑可以划分为时间逻辑、原因逻辑、对象逻辑等三种类型。

1. 时间逻辑在语境中的表达

疑问句的时间逻辑在语境中的表达是指以问项是时间的句子逻辑在语境中的表达，即时间语用逻辑。

例如，小明几点放学？下午 5 点还是下午 6 点？

这句话中的问项是"几点放学"，属于时间，根据这一问项进行逻辑推理，可以判断出这句话所表达的意思是小明的放学时间。根据下半句话，说话者可以进行判断，并给出相应的答案。

又如，图书馆几点开门？

这句话中的问项仍然是图书馆的开门时间，在交际语境中，答话者应根据时间问项回答，才能使交际双方的对话畅通无阻。

2. 原因逻辑在语境中的表达

疑问句的原因逻辑在语境中的表达，是指以问项是原因的句子逻辑在语境中的表达，即原因语用逻辑。

例如，银杏树叶为什么秋天会变黄？

这句话中的问项是"为什么"，对银树叶秋天变黄的原因进行探究。答话者应当就问项的原因进行回答，只有这样交际双方才能更好地进行交际。

又问，天空为什么是蓝的？

这句话中的问项是天空是蓝色的原因，答话者应当就此问项进行回答。

疑问句的原因逻辑在语境中的表达格式为：

……为什么××？

3. 对象逻辑在语境中的表达

疑问句的对象逻辑在语境中的表达，是指以问项是对象的句子逻辑在语境中的表达，即对象语用逻辑。

例如，谁来回答这个问题？

这句话中的问项是"谁"？

又如，你喜欢数学还是文学？

这句话中的问项是"什么"？

一般而言，疑问句的对象逻辑在语境中的表达格式为：

××还是××？

××是……吗？

（三）疑问句的问答逻辑在语境中的表达

疑问句的问答逻辑在语境中的表达，是指在具体的语境中交际双方通过问与答的方式表达意思。

例如，问：作业写完了吗？

答：写完了。但是有一道题比较难，我不会。

这一问答中，答话者根据问话者的问项进行回答，并且在此基础上进行拓展，引出新的语项。

又如，问：这个周末有什么计划？

答：带孩子去游乐场。你呢？

这一问答中，问话者的问项是周末计划，答话者回答了这一问题后，又提出了新的问题，推动交际不断进行。

有的语境中，交际双方需要根据问答逻辑来推断和揣摩对方的意思。

例如，问：小明今天回来吗？

答：他临时有其他安排。

这句话中，答话者并没有直接回答问话者的问题，而是通过间接的语言对这一问题进行了回答。听话者可以根据答话者的回答，对"小明今天是否回来"进行判断，从而得出"小明由于临时有了其他安排，今天不回来"的结论。

三、祈使句逻辑在语境中的表达

祈使句是通过表达要求或期待的语句，从结构形式上来看，祈使句可以细分为否定祈使句和肯定祈使句两种类型。祈使句逻辑在语境中的表达具体可以划分为否定逻辑和肯定逻辑两种类型。

（一）祈使句的否定逻辑在语境中的表达

汉语中的否定祈使句是指表示要求（命令、希望、恳求）听话人不做某件事的句子。在具体语境中，否定祈使句又可以划分为两种类型，一种是常包含别、不要、不必、不准、不许等表示否定意义的词语的否定祈使句，又称为显性否定祈使句；另一种是不包含表示否定意义的词语的否定祈使句，然而其功能仍然为表示禁止听话人做某件事的句子，双称为隐性否定祈使句。

1. 祈使句的显性否定逻辑在语境中的表达

显性否定祈使句的形式为"别＋X"，例如，别玩、别摔倒了、别做这件事、别动、别走、别胆小、等等。"别＋X"句式又可演绎出："别＋V（了/着）""别＋VC""别＋V 了 NP""别＋VN"等见表 5-2。

表 5-2　祈使句显性否定逻辑格式一览表

序号	格式	衍生格式	示例
1	别＋V（了/着）	别＋V	别动
		别＋V 了	别哭了
		别＋V 着	别冻着
2	别＋VC	—	别冻感冒、别吃撑、别吓坏小孩
3	别＋V 了 NP	别＋V＋NP	别打破碗
		别＋V＋NP 了	别打破碗了
		别＋V＋了＋NP	别打破了碗
4	别＋VN	—	别打孩子、别动蛋糕

2. 祈使句的隐性否定逻辑在语境中的表达

隐性否定祈使句通常由显性否定祈使句转变而来。

（1）"别＋V（了/着）"——"V（了/着）!"

例如，（端好了，）掉了！这句话在实际语境中表达的意思为："（端好了，）别掉了！"

又如，（多穿点，）冻着！这句话在实际语境中表达的意思是："（多穿点，）别冻着！"

（2）"别 + VC" —— "VC！"

例如，（当心，）洒出去！这句话在实际语境中表达的意思为：（当心，）别洒出去！

又如，（你写作业时三心二意，）写错了！

这句话既可以表示正在发生中的事件，也可以表示已经发生后的事件。

可以理解为：因为你写作业时三心二意，所以写错了！

也可以理解为：你在写作时不要三心二意，不要写错了！

因此，这句话的意思需要结合语境中人物的动作进行具体分析，而后一种话的意思即为隐性否定祈使句的表达方式。

（3）"别 + VN" —— "VN！"

例如，（如果家里不备东西，）饿着肚子！

这句话的实际意思是表达否定，如果家里不准备东西，就会饿着肚子，因此表明，不准备东西是不行的，必须要准备东西。

"VN！"又可改为"NV！"

又如，（不洗手吃东西，）肚子疼！

这句话的实际意思是表达否定，如果不洗手就吃东西，就会导致肚子疼，因此不洗手不能吃东西。

否定祈使句的逻辑在具体语境中，应当进行具体分析。

例如，掉了！

这句话，既可以指事物将要发生的状态，也可以指事物已经发生的状态，既可以指东西已经掉了，也可以指如果不拿好，东西就要掉了。

（二）祈使句的肯定逻辑在语境中的表达

祈使句的肯定逻辑在语境中的表达主要指祈使句的语用逻辑，祈使句的肯定逻辑格式主要 VA 了等。

例如，要听清楚了！可听仔细了！等。

祈使句的肯定逻辑通常有"可""要""得""可要""可得""得要""还要""还得""给我""给"等语气词语用以强调。

四、感叹句逻辑在语境中的表达

感叹句是用来抒发喜悦、赞赏、愤怒、悲伤、惊讶等情感的语句，感叹句的语调一般是先上升、后下降，通常包含着"多""好""真""多么"等词语，句末则缀有"啊""呀""哇"等词语。

（一）感叹句在语境表达功能

感叹句在具体语境中具有多种表达功能，包括抒发说话者感情的功能、表明说话者态度的功能、表达暗示的功能、表达讽刺的功能。

1. 抒发说话者感情的功能

感叹句能够从说话者的视角出发，抒发说话者的感情。
例如，我好高兴啊！这句话即抒发了说话者的高兴之意。
又如，吓死我听啦！这句话抒发了说话者的惊吓之意。

感叹句抒发说话者感情的功能，应当从说话者的视角出发，当具体语境中有听话者时，说话者通常是向听话者表达自己的情感。而语境中，没有听话者存在时，说话者则是向自己诉说情感，排解说话人心中的情绪。

2. 表明说话者态度的功能

感叹句在抒发说话人的情感时，包含着说话人看待事物的态度。
例如，太漂亮啦！

这句话表达了说话者对事物赞美的态度。

又如，太可恶了！

这句话表达了说话者对事物厌烦的态度。

3. 表达暗示的功能

感叹句不仅可以表达说话者的情感和态度，有时也可以表达暗示的功能，希望能够引起听话人的注意，从而引导听话人的行动。

例如，今天的天气真冷啊！

这句感叹句所表达的实际意思，需要结合具体的语境进行分析。

如果说话者从室外走到暖和的室内时说，今天的天气真冷啊！这句话主要表达说话者抒发天气寒冷的情感。

如果说话者在室内边看着关闭的空调边说，今天的天气真冷啊！这句话则表达了说话者暗示应当打开空调的功能。

4. 表达讽刺的功能

感叹句可以表达讽刺的功能。

例如，小明真勤劳啊！一天啥也没干。

这句话中的前一句感叹句貌似是对小明的赞美，然而结合后一句则表达了对小明什么都不干的讽刺。

（二）感叹句的情感逻辑在语境中的表达

感叹句逻辑在语境中的表达主要体现在情感逻辑在语境中的表达。通过感叹句中表达情感的词语进行逻辑推理。

1. 借助"多""多么""真"等词语表达情感逻辑

例如，黄河多么壮美啊！

这句话中的"多么"作为副词，强调了黄河的壮美程度，通过这一词语即能够表达说话者对黄河的赞美之情。

又如，小猫真可爱啊！

这句话中的副词"真"强调了小猫的可爱程度，借助这一副词表达了说话者对小猫的赞美之情。

2. 借助"啊""哦""呸"等叹词表达情感逻辑

例如，呸！我最讨厌喝酒了！

这句话中的感叹词"呸！"表明了说话者对后一句话所涉事件的厌恶。

3. 借助"好""坏"等形容词表达情感逻辑

例如，快来尝尝，这种酒真是太好喝啦！

这句话中的"好"表达了说话者对酒的认同和赞美的情感。

值得注意的是，感叹句中所表达的情感需要结合具体的交际语境进行分析，判断感叹句表达的情感属于赞美抑或讽刺。

第二节　句型逻辑在语境中的表达

句型是指句子的结构类型，根据汉语句子的结构特点，汉语句型可以划分为单句和复句，以及"把字句""被字句""得字句"等特殊句型。本节主要对这些句型逻辑在语境中的表达进行分析。

一、单句逻辑在语境中的表达

单句是由词和短语构成的，根据词和短语在句中的关系，可以划分为主谓句和非主谓句两种类型。

（一）主谓句逻辑在语境中的表达

主谓句是由主语、谓语两个成分构成的单句，根据其句子成分划分为七种类型见表 5-3。

表 5-3 主谓句类型一览表

序号	类型	例句
1	大主语与小主语之间存在领属关系	妈妈身体健康
2	大主语与小主语有陈述关系	小明待人有礼貌
3	大主语为小谓语的受事	这件事我们都赞成
4	大主语为小谓语的施事	小明一件事也没做错
5	大主语隐含介词	这件事，姐姐有不同的看法
6	大主语与动词宾语复指	中国，这是多么伟大的名字啊
7	大主语与小主语有领属关系，与动词宾语有施受关系	这个妈妈一只手牵着一个孩子

第一种类型：大主语与小主语有领属关系。例如：

A. 妈妈身体健康。

B. 同志们斗志昂扬。

C. 小林腿疼。

在这组例子中，大主语分别为"妈妈""同志们""小林"，小主语分别为"身体""斗志""腿"，其中 A 句中"妈妈"和"身体"之间是领属关系，小谓语是形容词"健康"；B 句中"同志们"和"斗志"之间是领属关系，小谓语是"昂扬"；C 句中"小林"和"腿"之间是领属关系，小谓语是表示感觉状态形容词"疼"。

第二种类型：大主语与小主语有陈述关系。例如：

A. 小明待人有礼貌。

B. 大康做事认真。

C. 你看问题太简单。

在这组例子中，大主语分别为"小明""大康""你"，小主语分别为"待人""做事""看问题"，其中 A 句中大主语"小明"和小主语"待人"之间为陈述关系；B 句中大主语"大康"和小主语"做事"之间为陈述关系；C 句中大主语"你"和小主语"看问题"之间为陈述关系。

第三种类型：大主语为小谓语的受事。例如：

A. 什么东西小明没吃过。

B. 这些书他都看过。

C. 这件事我们都赞成。

在这组例子中，大主语分别为"什么东西""这些书""这件事"，小主语分别为"小明""他""我们"，其中 A 句中大主语"什么东西"和小主语"小明"之间为受事与施事关系，正常语序为"小明什么东西都吃过"；B 句中大主语"这些书"和小主语"他"之间为受事与施事关系，正常语序为"他看过这些书"；C 句中大主语"这件事"和小主语"我们"之间为受事与施事关系，正常语序为"我们都赞成这件事"。

第四种类型：大主语为小谓语的施事。这一类型与第三种类型正好相反，例如：

A. 他一口水都不喝。

B. 小明一件事也没做错。

C. 我一本书都没买。

在这组例子中，大主语分别为"他""小明""我"，小主语分别为"一口水""一件事""一本书"，其中 A 句中大主语"他"和小主语"一口水"之间为施事与受事关系；B 句中大主语"小明"和小主语"一件事"之间为施事与受事关系；C 句中大主语"我"和小主语"一本书"之间为施事与受事关系。

第五种类型：大主语隐含介词。例如：

A. 高分子材料他内行。

B. 这件事，姐姐有不同的看法。

C. 田间管理，爸爸的经验很丰富。

在这组例子中，大主语分别为"高分子材料""这件事""田间管理"，小主语分别为"他""姐姐""爸爸"，其中大主语中隐含着介词"对""对于""关于""在"等介词。如果加上这些介词，这三个句子分别为"对于高分子材料，他是内行""关于这件事，姐姐有不同的看法""在田间管理方面，爸爸的经验很丰富"。

第六种类型：大主语与动词宾语复指。例如：

A. 中国，这是多么伟大的名字啊。

B. 这本书，我很喜欢它。

在这组例子中，大主语分别为"中国""这本书"，宾语分别为"伟大的名字""它"，宾语和大主语均指同一个事物。

第七种类型：大主语与小主语有领属关系，与动词宾语有施受关系。例如：

"这个妈妈一只手牵着一个孩子。"这句话中，大主语为"妈妈"小主语为"一只手"，大主语和小主语之间是领属关系，同时，大主语"妈妈"和动词宾语"牵着一个孩子"之间是施受关系。

（二）非主谓句逻辑在语境中的表达

非主谓句是指主谓短语以外的短语带上语调形成的句子。

例如，晴天了。

这句话中缺少主语，以宾语"天"作为概念的判断对象。

又如，发光的不都是金子。

这句话是表示否定的非主谓句。

非主谓句可以表示感叹、祈使、发现和提醒、确认和告知、称呼、问答等。

例如，球迷在足球场上观看比赛时，看到自己支持的球队射门后，大声喊："好球！"这里的"好球！"即属于表示感叹的非主谓句。

二、复句逻辑在语境中的表达

复句是由两个或两个以上意义密切联系、结构上互不包含的单句（又叫分句）组成的句子。根据复句中层次的多少，复句可以细分为单重复句、双重复句和多重复句。其中，单重复句是指包含一个关系层次的复句；双重复句是指包含两个关系层次的复句；多重复句则是指包含三个以上关系层次的复句。

复句中的各个分句之间存在一定的关系，包括并列关系、解说关系、顺承关系、选择关系、递进关系、因果关系、假设关系等见表 5-4。

表 5-4　复句分句类型一览表

序号	句法成分	释义	标志性词语	示例
1	并列关系	复句的各分句之间没有轻重主次之分，彼此地位平等	又……又……、也……也……、一方面……一方面……、一边……一边……、不……而是……	小明来了，小刚也来了，大山也来了，同学们都来了
2	解说关系	复句的各分句之间存在解释、说明，或总分关系	两种……一种……一种……	小明上班有两种方式，一种是开车上班，一种是乘坐地铁上班
3	顺承关系	复句的各分句之间存在顺承关系	就、便、于是、接着、然后、后来	他先打开门，然后进后院子，最后进入屋子
4	选择关系	复句的各分句之间存在非此即彼的选择关系	或者……或者……是……还是……与其……不如……宁可……也不……	小明是一班的学生，还是二班的学生
5	递进关系	复句的各分句之间存在递进关系	不但……而且……、不仅（不只、不光、不单）……也（还、更、就连）……、不但……不但没……反而……	小明不光学习好，更懂礼貌
6	因果关系	复句的各分句之间存在因果关系	因为……所以……既然……就……既然……可见……既然……可知……	冬天的北方因为屋里烧了暖气，所以并不感觉冷

续表

序号	句法成分	释义	标志性词语	示例
7	假设关系	复句的各分句之间存在假设关系	假若（假使、假定、假设、如若、要是、万一，）……就（那么、那、便、则也）……哪怕……也（都、总）……一（一旦、一经、刚、不）……就（便）……	假使小明在期末考试中取得了第一名，就奖励他一台游戏机
8	条件关系	复句的各分句之间存在必要条件和结果关系	只有……才…… 除非……才…… 不……不…… 无……无…… 除非……才…… 否则……不……	只有深入生活，才能发现生活的美
9	目的关系		为了、为的是、以便、借以、用以、好让、好、以免、免得、省得等。	
10	转折关系		"但是""可是""然而""而""却"或"不过、只是""而""却"	

（一）复句的并列逻辑在语境中的表达

复句的并列逻辑在语境中的表达，主要指复句并列关系的语用逻辑。并列关系复句的特点是复句中的分句是分别说明或描写同一对象的几个方面，或几个对象的同一方面的句子，或几个对象的几个方面。

例如，他既是文学家，也是画家，还是书法家。

这句话描绘了同一个对象"他"的多个不同方面，从而使听话者能够较为立体地认识"他"。

又如，小明是文学家，小宋也是文学家，小芳也是文学家。

这句话描绘了不同对象的同一方面，从而使听话者认识到这三个人具有相同的地方。

再如，小明是文学家，小刚是画家，小红是书法家。

这句话描绘了不同对象的不同方面，从而使听话者了解不同对象的独特特点。

复句并列逻辑在语境中的表达，可以通过复句并列关系词语进行连接，以表达独特的语意。

一般而言，复句并列逻辑所表达的意思，包括平行、相关，对照、对比两种类型。

1. 复句并列逻辑在语境中的平行、相关表达

复句并列逻辑在语境中可以表达平行关系或相关关系，具体可以借助相关连接词语表现出来。

例如，春天又明媚，又充满希望。

"又……又……"作为复句并列关系语句的典型连接词语，表达了事物的不同特点，在特定交际语境中，可以使说话者进行有序表达，使听话者明确说话者的逻辑。

2. 复句并列逻辑在语境中的对照、对比表达

复句并列逻辑在语境中可以表达对照关系或对比关系，具体可以借助相关连接词语表现出来。

例如，虚心使人进步，骄傲使人落后。

这句话中的并列关系表现出对不同对象的不同特点的表现，这一复句的两个分句所描绘的对象虚心——骄傲是一对反义词，其特点进步——落后也是一对反义词，这句话通过不同对象的不同特点的对照和对比反映出说话者的真实意图，即对虚心的肯定和对骄傲的否定。

（二）复句的解说逻辑在语境中的表达

复句的解说逻辑在语境中的表达主要指复句解说关系的语用逻辑。复句的两个分句之间存在解释、说明或总分关系的复句即属于解说关系复句。解说关系复句通常可以借助"两种……一种是……一种是……"

连接词语表现出来。

例如，调查有两种方法，一种是直接调查，另一种是间接调查。这句话，先强调了调查存在两种方法，接下来对调查的具体方法进行了说明。在具体语境中，说话者借助解说逻辑，可以更加清晰地表达自己的观点，而听话者也可以借助解说逻辑判断和了解说话者的倾向和意愿。

（三）复句的顺承逻辑在语境中的表达

复句的顺承逻辑在语境中的表达主要指复句顺承关系的语用逻辑。说话者在进行复杂事物或复杂动作说明时，可以按照动作或相关情况的顺序进行表达，从而使事物或动作的说明更具有条理性。

例如，小明回家需要先进小区门，再进单元门，然后才能进入自己家的大门。

这句话通过顺承逻辑说明了小明回家的顺序，这一顺序是不能随意打乱的，各个分句的动作不能进行替换。小明只有进了小区，才能进入单元，最后才能进入自己家。

复句的顺承逻辑可以借助就、便、于是、接着、然后、后来等连接词进行表达，在具体语境中，复句的顺承逻辑表达可以使听话者更加明确对象的状态。

例如，小明今天来到公司，先进行了大扫除，才开始工作。

从这一复句的顺承逻辑可以推断，小明在进行工作之前已经清理了卫生，进行了大扫除。

（四）复句的选择逻辑在语境中的表达

复句的选择逻辑在语境中的表达主要指复句选择关系的语用逻辑。复句的选择逻辑具体可以划分为两种类型，即可兼型和不可兼型，应当结合具体语境进行分析。

1. 复句的选择逻辑在语境中的可兼型表达

复句中的两个分句在表达或此或彼的关系时即属于可兼型表达。

例如，问：今天小明值班，还是小红值班？

答：今天小刚值班。

这句话中说话人在询问值班人员，无论小明还是小红都可以，从说话人的这一询问可以分析出说话人关心的是今天的值班人员，而非其他事项。由此可见，复句中选择逻辑的可兼型表达是一种或此或彼，并不排除其他可能的表达。复句的选择逻辑在语境中的可兼型表达可以借助"是……还是……""或者……或者……"等连接词进行逻辑推理。

2. 复句的选择逻辑在语境中的不可兼型表达

复句的分句表达非此即彼的、排除其他可能的关系时即属于不可兼型表达。

例如，今天的值班人员有特殊任务，不是小明值班，就是小红值班。

这句话中表明了今天的值班人员只有两个人选，不是小明就是小红，排除了其他人值班的可能性，也排除了多人一起值班的可能性。复句的选择逻辑在语境中的不可兼型表达可以借助"不是……就是……""宁可……也不……"等连接词进行表达。

又如，这件事不能两全，要么玉碎，要么碎全，宁可玉碎，也不瓦全。

这一复句中，听话者可以借助选择关系连接词语，判断此复句属于选择逻辑的不可兼型表达，从而明确说话人的真实意图：即宁可玉碎，也不瓦全。

（五）复句的递进逻辑在语境中的表达

复句的递进逻辑在语境中的表达主要指复句递进关系的语用逻辑。

复句的递进关系一般表现为后面分句所表达的内容较前面分句更进一层。

例如，我不但想和他认识，而且想和他成为志同道合的伙伴。

这句话中，说话者表达了对"我"和"他"关系的愿景，即不仅想要认识对方，还想要与"他"建立更加牢固的关系。复句的递进逻辑可以借助"不但……而且……"更、何况等连接词语表现出来。值得注意的是，复句的递进逻辑中分句的位置不能够随意交换。

又如，小学生的书包太重了，大人背起来尚且吃力，何况小孩？

这句话中的对象是"小学生的书包"，说话者通过大人背小学生书包和小孩背小学生书包的对比，表达了小学生书包"太重"的真实意图。听话者可以借助复句递进逻辑关联词语对说话者的真实意图进行判断。

（六）复句的因果逻辑在语境中的表达

复句的因果逻辑在语境中的表达主要指复句因果关系的语用逻辑。复句的因果关系一般表现为两个分句之间有原因、结果、理由、结论的关系。具体来说，复句的因果逻辑在语境中的表达可以划分为说明性和推论性两种类型。

1. 复句的因果逻辑在语境中的说明性表达

复句的因果逻辑在语境中的说明性表达主要体现在因果复句之间存在原因和结果的关系。

例如，因为太阳出来了，所以地表温度上升了。

以上例句中存在因果关系，并且前后两个分句之间的存在说明性关系，地表温度之所以上升，是由于太阳出来的缘故。复句的因果逻辑在语境中的说明性表达，可以借助"因为……所以……""由于……所以……""因此""因而""以致"等连接词语表现出来。

2. 复句的因果逻辑在语境中的推论性表达

除了说明性之外，因果关系复句的分句之间还存在推论性的关系。

例如，既然小明喜欢绘画，他就愿意为学习绘画而付出努力。

以上例句中的前一句的"喜欢绘画"和后一句的"愿意为学习绘画而付出努力"之间存在推论性关系，这一推论性关系在现实中可能存在，也可能不存在，是说话者根据一定条件进行的推论，而不是绝对的事实。小明喜欢绘画，所以愿意为学习绘画而付出一定的努力。相反，如果小明不喜欢绘画则就不会愿意为学习绘画而付出努力。

又如，如果一个人本身没有病，还坚持每天风雨无阻去医院，就可以猜测这个人是医院的工作人员或病人家属。

上例中，"这个人是医院的工作人员或病人家属"仅仅是说话者基于一定前提的猜测，而非绝对的事实。复句的因果逻辑在语境中的推论性表达可以借助"既……就……""如果……就……""既然……可见……""既然……可知……"等连接词语表现出来。

（七）复句的假设逻辑在语境中的表达

复句的假设逻辑在语境中的表达，主要指复句假设关系的语用逻辑。这里指复句各分句之间存在假设条件的句子。复句的假设逻辑在语境中进行表达时，可以借助"假若（假使、假定、假设、如若、要是、万一、）……就（那么、那、便、则也）……""哪怕……也（都、总）……""一（一旦、一经、刚、不）……就（便）……"等连接词语。复句的假设逻辑所表达的具体内涵，必须结合特定的语境进行分析。

例如，如果一个人的身体素质较好，那么他感冒的可能性就较小。

这句话的前一句为假设句，后一句则是在前一句假设的基础上进行的推论，从这假设复句进行逻辑判断，这一假设复句强调了身体素质好坏与感冒之间的关系。

又如，哪怕小明没有来上班，我们还有小红。

这句话的前一句话也是一种假设，后一句则是在假设基础上进行的推论，从这一假设复句来看进行逻辑推理，可以看出，小红已经来上班了，小明是否来上班还不确定。

（八）复句的条件逻辑在语境中的表达

复句的条件逻辑在语境中的表达主要指复句的条件关系语用逻辑。复句的各分句之间存在一定的必要条件和结果关系的句子称为条件复句。

例如，小明生气了，拒绝列席会议，除非负责人向他道歉，他才会列席。

这一复句中，表明了小明拒绝列席会议的初衷，接着提出了小明违背初衷列席会议的条件是"负责人向他道歉"。其中，"负责人向小明道歉"是必要条件，而"小明列席会议"是这一条件的结果。

复句的条件逻辑在语境中的表达常借助于"有……才……""除非……才……""不……不……""无……无……""除非……才……""否则……不……"等词语。

在条件复句中，存在一种无条件句，其所表达的结果，不以任何条件为转移。

例如，明天无论天气好坏，我们都会出发。

又如，无论小明列席与否，明天的会议都要照常进行。

以上两个条件复句均为无条件复句，在前一个复句中，"明天出发"是事情的结果，无论天气好坏都不会影响这一结果。在后一个复句中"明天会议照常举行"是结果，这一结果不会由于小明是否列席而被改变。

无条件复句表达了说话者对于做某件事情的态度，这一态度不以任何条件而转移。通常情况下，无条件复句以"不管（不论、无论、任凭）……

都（也、还是）……"等连接词语作为标志。在具体语境中，可以借助相应的连接词语进行分析，判断复句属于条件复句还是无条件复句，并对句子进行逻辑推理，分析和判断说话者在特定语境中表达的实际内涵。

（九）复句的目的逻辑在语境中的表达

复句的目的逻辑在语境中的表达主要指复句的目的关系语用逻辑。复句的目的关系是指复句的各分句之间存在行动和目的关系。

例如，革命年代无数先烈勇于牺牲性命，是为了中华民族能够自立于世界民族之林。

这一复句中的前一句是条件，后一句是目的，为了实现中华民族自立于世界民族之林的目的，无数先烈勇敢地牺牲了性命。复句的目的逻辑在语境中的表达，可使用为了、为的是、以便、借以、用以、好让、好、以免、免得、省得等词语进行连接。复句所表达的具体内涵需要结合特定的语境进行分析。

复句的目的逻辑在语境中的表达，可以划分为两种情况，一种情况是叙述已然成真的事实，一种情况则是反映假设性的后来。

例如，我们看到，在医院，在广场，甚至在街头巷尾，无数医疗工作者正在夜以继日的工作，为的是为百姓的健康负责。

这一复句中这句话中所描绘的情况是已然成真的事实，所表达的目的是，医疗工作者为百姓的健康负责，赞扬了医疗工作者夜以继日工作的精神。

又如，当你不舒服时，要及时去医院，以免病情恶化。

这一复句的目的并非是病情恶化，而是劝导"你"及时去医院，根据复句的目的逻辑进行推理，这一复句所表达的意思是，如果你不舒服要及时去医院，否则，你的病情就会恶化。或者：为了避免你的病情恶化，当你不舒服时，应当及时去医院。

（十）复句的转折逻辑在语境中的表达

复句的转折逻辑在语境中的表达主要指复句转折关系的语用逻辑。

例如，小明十分渴望旅游，可是他一次都没有旅游过。

上述复句中的前一句描绘了小明内心的一种状态"渴望旅游"，后一句则叙述了一个客观事实"小明一次都没有旅游过"。前后两个分句之间存在强烈的转折关系。

又如，小明的汽车虽然小，但是动力十足。

上述句子中的前一分句指出"小明的汽车较小"，后一分句在前一句的基础上，并没有对小明的汽车进行否定，而是通过"动力十足"，指出小明的汽车存在一定的优点。

（十一）复句的让步逻辑在语境中的表达

复句的让步关系在句子中表现为同时存在假设和转折双重关系。

例如，哪怕困难再大，我们也要克服困难。

上述复句的前一分句中的"困难再大"属于一种假设，指在原有的困难基础上出现更大的困难。后一分句中的"克服困难"则与前一分句之前存在一定的转折关系，困难大，可以知难而退，然而"我们"却选择知难而上，克服困难。

复句的让步逻辑在语境中的表达主要指复句让步关系的语用逻辑在语境中的表达，具体可以借助"即便（即使、就算、纵然、哪怕）……也……"连接词语作为逻辑推理的标志性词语。复句的让步逻辑在具体语境中的内涵应当结合具体语境进行分析。

例如，小明十分热爱学习，工作之后仍然坚持学习，哪怕工作到深夜，每天也要抽出时间学习。

上述复句的主题是小明热爱学习，使用让步关系复句，以让步逻辑强调了小明每天坚持学习的事实，从这一让步关系复句可以推论出小明是一个具有自律精神和强大的学习力的人。

除了单句与复句之外，汉语中还存在许多特殊句型，例如，双重否定句型、"把字句""被字句""得字句"等句型。在这里对这些特殊句型逻辑在语境中的表达进行详细分析。

三、陈述句的双重否定逻辑在语境中的表达

陈述句中的判断句能够对事物进行判断，判断句可以细分为肯定判断句和否定判断句两种类型。其中，肯定判断句表示对事物的肯定判断，而否定判断句则表示对事物的否定判断，双重否定的判断句表示对事物的肯定判断。

双重否定句中通常有两个表示否定意义的字词。

表 5-5　双重否定句格式一览表

序号	格式	例句
1	不……不……	小明不得不去上学
2	没有……不……	如果没有水，生命不能存在
3	非……不……	非必要不出行
4	非……不可……	小明非要学会骑车不可
5	没有……不（无）……	没有不可能

上表中提到的例子中均包含两个否定字词，以双重否定进行逻辑推理。

例如，

问：小明今天上学吗？

答：不明今天不得不去上学。

这个例子中，问话人想知道小明今天是否上学，答话人使用双重否定表明小明必须去上学。

四、"把字句"逻辑在语境中的表达

"把"字句又称为"处置式"句型，是一种极为特殊的汉语句型。

（一）"把字句"结构

"把"字句的基本形式，通常为：

主语＋把＋宾语＋动词＋补语

其中把通常被视为副动词或介系词，动词必须是行动动词，其后的补语的形式，可以是一个结果补语或方向补语、同源宾语或完成貌标记。

例如，小明把工作完成了。

其中，"小明"为主语，"工作"为宾语，"完成"为动词，"了"为补语。

"把"字句的句法结构可以用以下公式表示：

$$A 把 B - VP$$

A 表示句子的主语（多为句词乱整语等体词性成分，有时也为谓词性成分，有的时候，A 还可以省略）；B 表示句子的宾语（可以为名词、谓词性词语）；V 表示把字后的动词，P 则代表动词 V 前后的成分。

"把"字句中的 VP 即动词前后的部分，则较为复杂。

表 5-6　把字句类型一览表

序号	格式	例句
1	A 把 B—VR	小明把桌子打扫干净，干净为形容词； 小方把钢笔送给了小明，小明为名词； 小明把我吓了一跳，一跳为动量短语
2	A 把 B—V—NM	妈妈把小明批评了一顿
3	A 把 B—DV /A 把 B—V	小明把书收拾了
4	A 把 B—AD—V	妈妈禁止小李把东西到处乱扔

（二）把字句的功能

把字句的语用功能较强，把字句在话语交际中具有强调结果、强调动量、强调情态以及强调趋向四种重要功能。

1. 强调结果

强调结果的把字句是话语交际中最为常为常见的一种句式，该句式又可细分为五种类型。

（1）"把"字句的主语是"把"字之后的动词所表动作过程的发出者或启动者，把宾以受事或准受事身份参加该过程，从而处于某种结果。

例如：妈妈把衣服洗干净了。

这个"把"字句的主语是"妈妈"，动词"洗"是由妈妈发出的动作，这个句子的宾语"干净了"，属于妈妈动作的结果。

（2）强调由于主语所代表的事件参与者的原因造成某事件参加者以主动者的身份参加某事件从而处于某种结果。

例如：一根冰棍倒把我吃渴了。

这句话中的宾语是"我"，其是后面"吃渴了"的动作的施事者。

（3）强调某场所在经历了某事件之后的变化结果。

例如：妈妈把炉子生上火。

（4）强调工具在经历事件过程之后的结果。

例如：他把笤帚扫坏了。

（5）强调由于不明原因造成把宾处于结果状态。

例如：偏又把凤丫头病了。

2. 强调动量

这类把字句中，表示一个或多个完整的过程，动词所标示过程的完成性是它们的突出特征。

例如：妈妈把小明批评了一顿。

这句话中动词为"批评"，强调了批评这个完整的过程。

3. 强调情态

这类把字句中又可分为尝试态和即时态。其中尝试态是指强调动作或活动的尝试性的把字句。

尝试态强调了动作或活动的尝试性。

例如：你应该把事情仔细地想一想。

即时态是指强调动作或活动的突然性和短暂性的把字句。

例如：老师把眼一瞪，小明立即住了口。

在这句话中，把字后动作"瞪眼"表示动作的突然性和短暂性其后常常有后续句，"小明立即住了口"即为叙述接下来发生的事情。

4. 强调趋向

这类把字句强调某种趋向，而这种趋势或方向很有可能引起某种变化。

例如：小明爱把别人往好处想。

这句话中呈现出结果倾向即"在小明眼里，别人的优点很多"。

（三）"把"字句的逻辑语义分析

"把"具有"处置、对待、致命"等意思，根据"把"字句的语义特点，可以将"把"字句划分为处置式"把"字句和致使式"把"字句。下面分别对"处置义把字句"和"致使义把字句"的逻辑语义进行分析。

1. 处置义把字句的逻辑语义分析

处置义把字句的句法结构可以细分为四种类型，不同类型的处置义把字句的语义内涵不同，其逻辑语义也有所区别。

（1）NP1＋把＋NP2＋V＋谓词性成分

例如：她把事情想明白了。

这种类型的处置义把字句的逻辑语义表达式为复合命题，子命题与子命题之间都是合取的处置动作及处置结果关系，且都存在时间上的先后顺序。

（2）NP1＋把＋NP2＋V＋NP3

例如：小明把书给我。

这种类型的处置义把字句的逻辑语义内涵较为单一，表示动作的意义和结果。

（3）NP1＋把＋NP2＋V＋了/着/过

例如：妈妈把衣服洗了。

这种类型的处置义把字句的逻辑语义，表示事态完成的结果变化意义。

（4）NP1＋把＋NP2＋V

例如：我们把范围缩小。

这种类型的处置义把字句的只有一种逻辑语义内涵，表示动作、结果的双重意义。

2. 致使义把字句的逻辑语义分析

致使义把字句通常可以细分为两种句法结构类型，不同类型的致使义把字句的逻辑语义也不尽相同。

（1）NP1＋把＋NP2＋V＋谓词性成分

这一类型的致使义把字句的逻辑语义较为复杂，其逻辑语义应当根据具体的语境进行分析。

（2）VP＋把＋NP＋V＋谓词性成分

这一类型的致使义把字句的逻辑语义也相对复杂，其逻辑语义应当根据具体的语境进行分析。

（四）"把"字句的逻辑语义在语境中的分析

"处置义把字句"和"致使义把字句"的逻辑语义均需结合具体的语境进行分析。本书在这里主要对易出现歧义的"把"字句的逻辑语义进行分析。

例如，"小明把妈妈想死了"

这句话，从语义上来看，既表示处置意义，又表示致使意义。既可以表示"小明想妈妈"这一处置意义，也可以表示"妈妈想小明"这一致使意义，因此，这句话所表达的具体逻辑语义还应当结合句子的前后语境进行分析。

例1：自从小明上大学后，已经有半年没有回家了，长期吃不到妈妈做的菜，无法近距离感受到妈妈的温暖，小明把妈妈想死了。

这句话的语境是对小明上大学后的经历的概括，站在小明立场表达对妈妈的思念，结合这一特定语境，"小明把妈妈想死了"的逻辑语意义为"小明想妈妈"。

例2：自从小明上大学后，家里就变得特别冷清，妈妈连做饭都简单了，日子过得十分潦草，小明放假回家后，妈妈抱着小明不撒手，好一会儿才说："小明把妈妈想死了"。

这句话的语境是小明上大学后，妈妈的生活状态，以及妈妈在小明放假归来后的表现，结合这一特定语境，"小明把妈妈想死了"的逻辑语意义为"妈妈想小明"。

五、"被字句"逻辑在语境中的表达

"被"字句是汉语中一种使用较广泛的句式。我国学者在对"被"字句进行研究时，从不同角度将"被"字句分为各种不同类型和格式。

（一）"被"字句类型

1924 年黎锦熙所出版的《新著国语文法》一书中，黎锦熙提出了"被"字句的两分说。

1980 年，我国学者龚千炎将"被"字句划分为"NP＋被＋V"和"NP＋被＋NA＋V"两种基本格式。

1987 年，我国学者吕文华把"被"字句划分为"NA＋被＋V＋C"基本格式。

同年，我国学者刘叔新将"被"字句分为三类，即强式被动句、弱式被动句和准强式被动句。

1993 年我国学者倪祥和在其著作《新语法体系详解》中指出，"被"字句的基本格式为甲被乙怎么样。具体可分为两种基本格式，即"被"字后带宾语和"被"字后不带宾语的格式。倪祥和同时指出"被"字句具有以下六个特点，即主语是受事，并且必须是定指的人或事物；被的介引对象是施事；动词必须是及物的动作行为动词，并且能够支配受事主语；动词前后有其他成分；表示否定、时间等副词以及能愿动词用在"被"字之前；被在口头上可使用"让、给、叫"等词语代替。

1994 年我国学者薛凤生指出"被"字句的基本格式为"A 被 B＋C"式，1996 年，我国学者金允经将"被"字句的格式分为"NP＋被＋NP＋VP"和"NP＋被＋VP"两种基本格式，这种的划分方法得到了学术界一部分学者的认同。

除此之外，我国学者丁声树认为，"被"字句可分为三种格式，即主语＋被＋动词＋宾语格式；主语＋被＋动词格式；"被……所……"格式。

我国学者张志公指出，"被"字句有两种基本格式，一种是"被"字引进施动者，例如，"书被小明弄脏了"；另一种是"被"字不引进施动者，例如"书被弄脏了"。

我国学者黄伯荣指出"被"字句的构成需要四个条件。

1."被"字句中的动词是表示动作意义的及物动词，非动作动词不能构成"被"字句；

2."被"字句中的主语表示的受事必须是定指的人或事物。

3. 除了"被……所……"格式外，一般"被"字句的动词后需要带诸如补语、情态动词着、了、过等成分。

4."被"字句表示否定时，否定词和时间副词及助动词等均需放在"被"字前。

2006 年我国学者孙德金在《对外汉语语法及语法教学研究》中指出，"被"字句的基本格式可分为两种，一种是"主语＋被＋宾语＋谓语动词＋其他成分"；另一种是"N1＋被＋N2＋V＋其他"。

2016 年我国学者游舒在《现代汉语"被"字句研究》中指出的基本格式为"A 被（B）＋VP"，这种基本格式又可衍生出五种格式，即"A 被 BV"式、"A 被 BV 了/着/过"式、"A 被 BVR"式、"A 被 BVO"式、"A 被 BV1VP2"式。

本书在以上说法的基础上，将"被"字句的基本格式划分为 5 种类型。

1."A 被 BV"式

这种格式是指动词后不带有其他成分，这种格式是"被"字句最基本的格式，也是最简单的格式。该句式中需要注意的是，动词需为具有结果意义的动词。

例如，"门被拆除""小明因违反纪律而被处分""学生的意见被采用""民主选举不能被操纵""作弊行为在考试中被禁止""小明担心被妈妈拒绝""没有一个孩子会被抛弃""山顶高地被占领""这个句式被说明""敌军的埋伏被发现"等。如果这一句式中的动词为非结果意义的动词，不能表示事件所带来的变化，用在这一句式中就不成立。

2. "A 被 BV 了/着/过"式

这句式即是在动词后加上着、了、过等词。

例如，"妈妈被小明行为感动了""敌军堡垒被解放军摧毁了""老师被学生们包围着，一边走，一边说""真相仿佛触手可及，却被一层窗户纸包裹着，迟迟不现出真面目""妈妈回到家，发现门被小明关着，而窗户却被打开着""这里就像是一个世外桃源，从来没有被现代文明所侵染过""这篇演讲稿事先被老师仔细润色过""小明小时候从来没有被妈妈打过""这位三好学生，处处严格要求自己，从来没处罚过"，等等。

3. "A 被 BVR"式

该名式是指动词后带有补语的"被"字句，其后常带有结果补语、趋向补语、时间补语、数量补语、可能补语、情态补语、程度补语、介词短语补语等。

例如，"杯子被小明摔得粉碎""鸭子被小明赶出去了""借书的事被小明忘得一干二净""敌军被解放军狠狠地打击了一次""小明被妈妈带到了新房子前"，等等。

4. "A 被 BVO"式

这一句式是"被"字句中常见的一种句式，动词后常带宾语，按照宾语的类别具体可分为隶属性宾语、附着性宾语、使成性宾语、双宾语，以及固定搭配短语等。

例如，"桌子被锯了一个角""小明的旧 T 恤被钉子挂了一个大口子""小明的旧 T 恤被妈妈改成了书包""小明被授予三好学生的称号""守株待兔的这种行为简直要被人笑掉大牙"等。

5. "A 被 BV1VP2" 式

这一句式的包容性较强，可将前面的句式全部包含进来。例如"小偷被警察抓个正着""桌子被小明搬了出去""这盆花被浇水""皮球在地上被小朋友们踢来踢去""小明没有完成作业被老师批评"，等等。

（二）"被"字句的句式意义

"被"字句作为一种特殊句式，具有"被处置"和"被致使"的意义。

1. "被处置"

"被"字句的处置义指施事主体对受事主语发出的处置动作，并使其产生某种结果，发生某种变化或处于某种状态。

例如：小明被一只小狗追着跑。

这句话的主语是"小明"，受到施事主体"一只小狗"发出的处置动作"追赶"，产生了"逃跑"的处置结果。

2. "被致使"

被字句的致使意义是由于转喻造成语义结构的变化而产生的。被动句是说话人以受事为观察视角描述事件的，受事不仅是动作行为的接收者，也是受影响的对象，只要满足受影响的条件，都能进入"被"字句充当主语。因此，当说话人以受影响者为视角观察时，造成主语受影响的不仅为动作行为的发出者，还可以是对主语产生影响的使因者，二者在造成主语发生变化的影响力上具有相关性，通过转喻得到实现。

例如：小明被敲门声吵醒了。

这句话的致使者是"敲门声"，被致使者是"小明"，致命力是"吵"，致使结果是"醒了"，因此这句话可以理解为"敲门声吵"导致"小明醒了"，两者之间存在致使关系。

（三）"被"字句的逻辑语义

被字句具有被处置和被致使的意义，这两者的逻辑语义分析如下。

1. "被处置""被"字句的逻辑语义

"被处置""被"字句的句法结构可以划分为四种类型。

（1）"NP1＋被＋NP2＋V＋谓词性成分"

这一句型"被处置""被"字句的逻辑语义可以概括为：

y［x［e［被 PAST（e）∧Agt（e）＝x∧Th（e）＝y∧A（e）]]]

在逻辑表达式中，A 为谓词，由形容词性词语充当，x 为动作行为的施事，y 表示动作的承受者，为客体，e 表示事件。

例如：窗户被小明砸碎了。

这个句子的逻辑表达式的意义是的：存在一个事件 e，这个事件 e 由两个原子事件复合而成，其中，一个原子事件可以表示为的为 e1"小明砸窗户"，被 PAST 为 e1 的逻辑谓词，表示被动，而被动处置的方式为"摔"，其中，"小明"是"砸"这一动作的施事，"窗户"是"砸"这一动作的客体。因此其有语义内涵是"窗户被小明砸"。另一个原子事件可以表示为 e2"窗户碎了"，这一事件发生在 e1 事件的基础之上，事件 e1 的终结点和事件 e2 之间存在渐进关系，窗户被小明砸后，窗户才碎了。

（2）"NP1＋被＋NP2＋V"

这一句型"被处置""被"字句的逻辑语义可以概括为：

y［x［P［e［e1［e2［e＝s（e1∪e2）∧被 PAST（e1）∧Agt（e1）＝x∧Th（e1）＝y∧Become-P∧Th（e2）＝y∧INCR（e1，e2，C（e2）)]]]]]]]

其中，P 表示结果意义的谓词，x、y 表示个体词，其中 x 表示动作行为的施事，y 为客体，e 表示事件。

例如：小明和小刚被两个比他们小的男孩子追赶。

这句话是指，存在一个事件即"两个比他们小的男孩子追赶小明和小刚"，在这个事件中，"被 PAST"是该事件 e 的逻辑谓词，其取值为"追赶"，表示被动处置方式为"追赶"。"小明和小刚"是"驱赶"这一动作的施事，在语表上位于主语的位置，"两个比他们小的男孩子"是"追赶"的客体，事件 e 的语义内涵是"小明和小刚被两个比他们小的男孩子追赶"。

除了以上两个句型之外"被处置""被"字句的句型还可以分为"NP1＋被＋NP2＋V＋NP3"和"NP1＋被＋NP2＋V＋了/着/过"，在这里不再对这两个句型的逻辑语义进行分析。

2."被致使""被"字句的逻辑语义

"被致使""被"字句的句法结构通常可以表示为"NP1＋被＋NP2＋V＋谓词性成分"。其逻辑语义可以概括为：

y［P［x［e［e1［e2［e=s（e1∪e2）∧被 PAST（e1）∧Causer（e1）=x∧Th（e1）=y∧Become-P∧Th（e2）=y∧INCR（e1，e2，C（e2））］］］］］］

（四）"被"字句逻辑语义在语境中的表达

"被"字句逻辑语义在语境中进行表达时，应区分"被"字句属于处置被动义"被"字句，还是致使被动义"被"字句，再结合具体的语境对其语义进行逻辑分析。这里不再赘述。

第三节　汉语的句用逻辑在语境表达中的原则

汉语句用逻辑在语境表达中应当遵循一定的原则，本节主要对此进行详细分析。

一、同一性原则

汉语句用逻辑在语境中的表达应当保持同一性原则，这里所指的同一性原则主要指特定语境中所使用的语句应当保持各句式和句型的特色，杜绝句式杂糅现象、杜绝混淆语句、杜绝答非所问和跑题现象。

（一）杜绝句式杂糅

句式杂糅是指将单句和复句，或不同类型的单句、不同类型的复句进行杂糅的现象。句式杂糅破坏了不同类型句式的逻辑，形成了逻辑架构的拼凑，造成句子出现逻辑错误。

例如，听了今天的演讲，对我启发教育很大。

这句话所表达的意思是：我听了今天的演讲很受启发。然而例句却将单句拉长成复句，形成了单句与复句的杂糅，造成句子的逻辑架构拼凑，不仅缺少主语，还表意不清。

又如，它是把事件的结局先写出来，然后再按照事件的时间顺序叙述事件的发生和发展的过程叫倒叙。

这句话将两个判断句杂糅在一起，使得句子中出现了两个语义相同的主项和联项，整个句子的表意重复、啰嗦，逻辑不伦不类。应当改成：

1. 它是把事件的结局先写出来，然后再按照事件的时间顺序叙述事件的发生和发展的过程。

或者

2. 把事件的结局先写出来，然后再按照事件的时间顺序叙述事件的发生和发展的过程叫倒叙。

（二）杜绝混淆语句

混淆语句在这里指在具体语境中，说话者和听话者所使用相同句子所表现的意思不同，易造成说话者和听话者所表达的概念和判断、推理不同步的现象。此外，混淆语句还指对句子的推理片面化。

1. 说话者和听话者对句子的表达和理解混乱，导致混淆语句

汉语言博大精深，相同的句子使用不同语气、在不同语境下说出，其所表达的意思可能千差万别。

例如，老师：哥德巴赫猜想被誉为数学皇冠上的明珠，非常难，谁要是能够解出这道题，那就太了不起了！

学生：这有什么难的，我们已经解了。

老师：你们算了！

学生：对，我们已经算了，老师我们已经算出来了。

老师：什么？你们算了？我是说你们算了吧，这是白费力气。

在这句话中"算了"可以表达两种意思，一种是"放弃"的意思，一种是"计算"的意思，老师和学生使用了相同的词语表达不同的句意，双方在上述讨论的某一阶段出现了误会，即是属于混淆语句的现象。由此可见，在具体语境中，人们在表达主观观点时，可能会出现立场不同、观点不同等形成的混淆语句的现象。

2. 对句子的推理片面化

对句子的推理片面化是指具体语境中，句子的逻辑推理不能保持前提和结论的同一性。

例如，运动可以增强体质，减少疾病。所以运动可以治病。

上面这个例子中的逻辑推理就没有坚持前提和结论的同一性，导致句子的推理出现了片面化，不符合句子的逻辑，从而造成"运动可以治病"的句子结论出现错误。

（三）杜绝答非所问

在一些语境中，说话者和听话者的问答不能保持主题的同一性，会导致句子逻辑出现了错误，导致答非所问。

以下面这句话为例。

问：你今年大四了，明年就本科毕业了吗？

答：我学的临床医学专业。

上述例子中，问话人关心的重点是答话人什么时候毕业？而答话人的回答重点则是自己所学的专业。临床医学专业的本科学制为五年，而其他大多数本科专业的学制是四年，问话人根据答话人今年大学四年级，所以推理出其明年本科毕业的结论。答话人没有直接回答问话人的提问，而是表明自己所学是临床医学专业，其中暗含着"临床医学专业学制五年，所以明年不毕业"的意思。然而，如果问话者不知道临床医学专业的学制是五年，就会造成误解，认为答话者答非所问。相反，如果该问句的预设是问话者和答话者均明确了解临床医学专业的学制是五年。那么，答话者即不属于答非所问。因此，问话者和答话者应当坚持预设的同一性、主题的同一性。

除此之外，一些对话中出现的问答不一致现象，也会造成答非所问的结果。

问：小明是舞蹈家和书法家吗？

答：小明不是舞蹈家。

这一例子中，问话者询问小明的身份，并特意提出了"舞蹈家"和"书法家"两个身份。而答话者，只回答了其中的一种身份疑问，表明小明不是舞蹈家，而对于小明是否为书法家则没有提，造成了答非所问的逻辑错误。

正确的回答应当是：小明不是舞蹈家，也不是书法家。或小明不是舞蹈家，是书法家。这两个句子，一个属于并列关系逻辑，一个属于转折关系逻辑，均能够完整地回答问话者的问题。

总而言之，句类逻辑在语境表达中应当坚持同一性原则，才能杜绝各种逻辑错误。

二、客观性原则

除了同一性原则之外，句类逻辑在语境中的表达还应当坚持客观性原则，主要表现在杜绝胡乱解释句意方面。

胡乱解释句意，在这里指交际中的一方随意违反客观性原则，对一些句子的语义进行胡乱解释，从而造成句子的意思被曲解，造成句子的逻辑表达错误。

例如，古人云：四海之内皆兄弟，意思是说天下的人都是兄弟，根据这句话可以推论出古代只有男性，没有女性。

这个例句中，说话者对"四海之内皆兄弟"进行了胡乱解释和歪曲释义，使得这句话的意思被曲折，而根据曲解的意思推理出来错误的结论"古代只有男性，没有女性"。因此，句类逻辑在语境中的表达应当坚持客观性原则是，不能以歪曲句意作为前提，否则以错误的句子推理出来的结论也必然是错误的。

第六章 汉语的篇章逻辑在语境中的表达

第一节 文学类语言的篇章逻辑在语境中的表达

篇章是汉语的最大组织单位，篇章逻辑是汉语逻辑的重要组成部分，本节主要对文学类语言的篇章逻辑及其在语境中的表达进行详细分析。

一、文学类语言的篇章逻辑

本书所指的文学类语言包括小说、诗歌、散文、戏剧。逻辑学是研究思维、思维的规定和规律的科学。思维是对对象本质和规律的理性认识，通过概念、判断和推理等表现出来。人类在思维的过程中按照一定的方法或规律形成概念，做出判断，开展推理的方法即可称为逻辑思维方法。文学类语言是人类按照一定的逻辑思维，进行的艺术创作，然而由于文学语言具有较强的艺术性，因此除了一般的篇章逻辑之外，文学语言还具有鲜明的诗性逻辑。

（一）文学类语言应当遵循普遍的思维逻辑方法

思维的逻辑方法主要包括比较、分析、综合、抽象、概括、演绎、归纳等，这些逻辑方法在文学类语言的篇章逻辑中的应用较为广泛。

1. 比较法

比较法是人类认识客观事物的基本方法之一，作为思维的逻辑方法之一，比较法可以确定不同事物之间的异同。比较法通常应用于两种不同的现象，同一事物发展的不同阶段，同一现象的不同方面和部分之间。运用比较法，人们可以加深对事物的认识。

在文学类语言的篇章结构中，写作者可以通过运用比较法对事件或对象进行说明，以突出事件或对象的特点。

例如，我们的校园，虽然与许多新建校园相比，没有现代化的教学楼，但是有高大的树木、美丽的花草，小而精致的花园……

这段篇章中，以"我们的校园"作为对象，通过将"我们的校园"与"新建校园"相比较，突出了"我们的校园"的独特特点，从而使读者获得"我们的校园"的清晰印象。

2. 分析法

分析法是指将整体对象按照一定规律进行分解，将复杂的事物分解成简单的因素进行研究的方法。分析法可以通过对象的不同方面的认识，从而达到掌握对象的整体特征的目的。

在文学类语言的篇章中，写作者有时运用分析法刻画人物形象，从而使人物形象更加立体。

例如，小明为了说服小刚与他一起出差，特地罗列了三条理由，第一条……，第二条……，第三条……小明认为，这三条理由足以打动小刚，帮助小刚下定决心。

这段篇章中，写作者在描绘事件以及刻画"小明"这一人物时，使用了分析法，将逻辑方法与人物刻画结合在一起。

3. 综合法

综合法与分析法正好相反，是一种通过将对象的各个部分综合起来进行整体研究，从而把握事物本质的一种方法。

在文学类语言的篇章中，分析法和综合法常常一起使用。例如，散文等文学作品中，通过总—分—总的结构对事物进行描绘，即属于运用分析法和综合法进行的逻辑推理。

4. 归纳法

归纳法是由个别到一般的思维方法，通过对诸多对象进行认识之后得出结论的方法。

例如，在小明看来，所有的季节都是美的。春天，万物复苏，百花争艳，有说不出的明媚之美；夏天，荷花新崭，大雨瓢泼，有道不尽的生机之美；秋天，丰收的田野，红黄参差的树木，有扑面而来的成熟之美；冬天，雪盖大地，万物俱藏，有世间皆睡的寂静之美。

以上文学类篇章的写作就运用了归纳法，篇章开头先对所有季节进行了评价即"所有的季节都是美的"，下面则对这一结论分别进行论述。

5. 演绎法

演绎法与归纳法正好相反，是通过已知事物的一般规律，对新事物进行考察和研究的方法。

例如，时间是永恒的、无限的，但每个人的时间是有限的，人们如何对待时间，决定了每个人的生存质量。有的人珍惜时间，在有限的时间里，一直朝着理想而迈进，收获了热烈而灿烂的一生；有的人浪费时间，在有限的时间中碌碌无为，最终只能带着无尽的遗憾与悔恨结束一生。

以上文学类篇章的写作就运用了演绎方法，结合人们对待时间的态度，对人生的质量进行了说明和演绎。

（二）文学类语言篇章的诗意逻辑

文学类语言篇章与非文学类语言篇章的写作不同，除了以上思维逻辑方法之外，还存在诗意逻辑。

诗意逻辑是由意大利历史哲学家维柯（G·Vico）提出来的。维柯指出："神话诗人所用的最初语言并不是符合所涉及事物的本质的语言……而是一种幻想的语言，所用的材料是有实体的事物，这些事物是被想象为有生命的，而且大部分是被想象为神的。"①

文学类语言篇章的创作与非文学类语言篇章不同，非文学类语言篇章通常立足于客观的真实生活。然而，文学类语言篇章除了立足于客观的真实生活之外，通常还会建立一种体验的真实，即写作者体验视角的真实，这种真实往往与客观的真实生活之间存在一定的距离。

例如，"在小明看来，所有季节都是美的。"这句话以及其后的描述，均立足于小明的体验视角，如果跳出小明的体验视角对事物进行观察，则可能会导致客观事物的观察视角的变化。比如，从夏蝉只存活于夏天的季节，如果从夏蝉的体验视角出发，并不一定所有的季节都是美的。

文学类语言篇章的诗意逻辑建立在写作者体验的真实基础之上，从而赋予文学类语言篇章独特的魅力。

例如，"君不见，高堂明镜悲白发，朝如青丝暮成雪"。这句话即运用了夸张的修辞格式和诗意逻辑。如果按照客观的真实逻辑，人的头发不可能在一天之内由青变白，只有运用诗意逻辑才能更好地对这句话进行理解。对于读者来说，对文学类语言篇章的阅读与理解，往往融合读者自身的经验，结合篇章用逻辑与诗意逻辑才能明白篇章的深刻内涵。

---

① 维柯. 西方文论选上卷［M］. 上海：上海译文出版社，1979：542-543.

二、文学类语言的篇章逻辑在语境中的功能

篇章逻辑在语境中的功能主要体现在以下几个方面。

（一）渲染主题

文学类语言篇章逻辑的运用渲染主题。无论是小说、散文、诗歌还是戏剧的创作过程中均需要设置特定的主题，并且对这一主题进行渲染。而篇章逻辑的运用，有利于文学作品在特定的语境中渲染主题。

一般而言，文学作品的描绘均较为生动，作品的主题也相对较为鲜明。然而，通过综合运用比较、分析与综合、归纳与演绎等逻辑方法能够更好地渲染主题。

例如，小蚂蚁力量大。这句话旨在强调小蚂蚁力量大的特点，如果这句话作为文学篇章的主题，写作者必须运用各种逻辑方法，对这一主题进行说明和渲染。

小蚂蚁力量大

星期天，妈妈带着小明到公园玩的时候，小明发现地上有个蚂蚁窝，一队队小蚂蚁从窝里出来进去，来来回回地搬着泥块。妈妈告诉小明，别看蚂蚁小，却可以抬起比自身大得多、重得多的事物，可是小蚂蚁的力量大是有原因的，你仔细观察吧。

这时小明看到，一只小蚂蚁匆匆从附近爬到洞口，和几只在洞口蚂蚁碰了碰触角，好像在救援一样。其他蚂蚁很快跟着小蚂蚁走了。小明一路跟着观察，原来求援的小蚂蚁发现了一只硕大的甲壳虫的尸体。其他蚂蚁来到后，在甲壳虫尸体上爬上爬下，显然小蚂蚁们觉得这只甲壳虫实在太大了。但是小蚂蚁们却并不气馁，他们很快找来了更多的帮手。不一会儿，小明发现，小蚂蚁们已经抬起甲壳虫出发了。一路上，他们

穿过了一个又一个障碍，成功地将甲壳虫运回了家。看到小蚂蚁成功了，小明也为小蚂蚁们感到高兴，也终于明白了妈妈说的"小蚂蚁力量大"是什么意思。他对妈妈说，一只小蚂蚁的力量大，团结起来的小蚂蚁力量才更大，我们也要向小蚂蚁学习！妈妈听了，向小明竖起了大拇指。

以上篇章中，写作者通过围绕"小蚂蚁力量大"这一主题进行分析，运用了归纳——演绎手法，通过这一逻辑手法的渲染，最后得出"一只小蚂蚁力量大，团结起来的小蚂蚁力量更大"的结论，强化了主题，令人印象深刻。

（二）刻画人物形象

文学类语言篇章逻辑的运用能够更好地刻画人物形象。人物形象的刻画是文学创作的关键，借助鲜明的人物形象，可以表达写作者的思想，此外，写作者的观点，也可以通过鲜明的人物形象输出。

运用文学类篇章逻辑能够更好地在语境中刻画人物形象。以下列篇章文字为例。

小明是一位退伍军人，也是一位超级投机主义者。退伍军人一般都有着钢铁般的意志，宁折不弯的脊梁，通常还有着正直的品格，即使已经退伍成为了一名普通群众，然而"为人民服务"的理念仍然刻在心中，时时谨记。小明却不同。在部队期间，小明偶然从一名普通士兵升格为班长，获得了一点小小的权力，就自以为掌握了人类的终极秘密。然而退伍后的小明却过得并不顺利，偶然进入一家小公司，凭借一点小聪明获得了一点小权力后，他终于又品尝到了权力的滋味。尽管公司领导屡次三令五申，不允许小主管作威作福，但是他仍然找到机会就要施展手中的权力，甚至扬言如果有人不服就得自动离职。这一嘴脸真是无比可恶！

这段文字采用了比较法，通过其他退伍军人的良好品质与小明的所作所为进行比较，突出了小明作为一位"超级投机主义者"对"权力"的欲望和态度，表达了写作者对这类人的厌恶。

（三）提升文学作品的语言美感

逻辑并不是枯燥的概念、乏味的推理，也可以闪耀出"美"的光彩，运用文学类篇章逻辑能够更好地提升文学作品的语言美感和逻辑美感。文学作品虽然不是公文，对句与句之间的逻辑要求不高，然而，仍然需要保持一定的逻辑，在语言表达、谋篇布局、提炼思想时，以逻辑思维作为底色，以提升文学作品的可读性。相反，如果文学作品的逻辑性不高，概念不清，词不达意，不能遵循事物的内在客观联系安排语序，条分缕析，则会违背逻辑思维的基本规律，无法保障语言的准确性、完整性和丰富性。因此，文学类篇章逻辑在语境中的运用能够提升文学作品的可读性和语言美感。

三、文学类语言篇章逻辑在特定语境中的表达

文学类语言篇章逻辑在特定语境中的表达一般表现为总分式结构、并列式结构、递进式结构、修辞手法的运用。

（一）总分式结构

文学类语言篇章逻辑在特定语境中的表达通常会借助总分式结构体现出来。

例如，保罗计划在林间搭建一个小屋，进行野外生存，为了完成这项工作，他事先做了多项准备。辞去工作。这件事他几乎毫不犹豫，当他在脑海里形成这项计划的时候，他就准备好辞职了。在保罗看来，回归大自然，比在污糟糟的城市工作要好上一百倍。当然，前提是他已经拥有了足够的积蓄。这让他有底气在第一时间辞去工作。接着，保罗把

这项计划通知了家人，他的父母都是自然主义者，他们讨厌城市，所以举双手赞成保罗的这项决定。只有妹妹觉得哥哥疯了，但是她一人反对，谁会听呢？保罗在征得家人的同意后，进行了林间考察，在距离村庄大约十余里的林间选择了一块合适的空地。接着他利用两周时间在寻找森间倒下的合适树木，并将这些树木拖到小屋地基上。保罗兴奋的看着这些树木，想象着通过自己的劳动将树木变成最棒的林间小屋，这将是一件多么伟大而美好的事情啊！

在上述篇章中，对保罗在林间搭建小屋的工作进行了概述，并且运用总——分式结构叙述了保罗搭建林间小屋的准备工作。读者在阅读这一篇章时，根据总分式结构不仅能够在脑海里形成保罗建设小屋的景象，而且还能够通过字里行间的叙述，间接了解保罗及其家人的性格和理念。

又如，宋代范仲淹所作的《岳阳楼记》。

庆历四年春，滕子京谪守巴陵郡。越明年，政通人和，百废具兴，乃重修岳阳楼，增其旧制，刻唐贤今人诗赋于其上，属予作文以记之。

予观夫巴陵胜状，在洞庭一湖。衔远山，吞长江，浩浩汤汤，横无际涯，朝晖夕阴，气象万千，此则岳阳楼之大观也，前人之述备矣。然则北通巫峡，南极潇湘，迁客骚人，多会于此，览物之情，得无异乎？

若夫淫雨霏霏，连月不开，阴风怒号，浊浪排空，日星隐曜，山岳潜形，商旅不行，樯倾楫摧，薄暮冥冥，虎啸猿啼。登斯楼也，则有去国怀乡，忧谗畏讥，满目萧然，感极而悲者矣。

至若春和景明，波澜不惊，上下天光，一碧万顷，沙鸥翔集，锦鳞游泳，岸芷汀兰，郁郁青青。而或长烟一空，皓月千里，浮光跃金，静影沉璧，渔歌互答，此乐何极！登斯楼也，则有心旷神怡，宠辱偕忘，把酒临风，其喜洋洋者矣。

嗟夫！予尝求古仁人之心，或异二者之为，何哉？不以物喜，不以己悲，居庙堂之高则忧其民，处江湖之远则忧其君。是进亦忧，退亦忧。然则何时而乐耶？其必曰"先天下之忧而忧，后天下之乐而乐"乎！噫！微斯人，吾谁与归？

　　这篇诗歌对岳阳楼上所见风光进行了详细描述，诗歌的第二、三、四段采用了总分式结构。第二段先对岳阳楼上观察的景物进行了总结，指出"巴陵胜状，在洞庭一湖"，并用反问句"览物之情，得无异乎？"引出下文三四两段分别对淫雨霏霏和春和景明两种不同天气下岳阳楼景观的描绘。

（二）并列式结构

　　文学类语言篇章逻辑在语境中常使用并列式结构表达主题。

　　例如，下文的篇章中借助并列式结构对冬天北方乡村和城市中声音进行了描绘，从侧面反映出乡村的寂静和城市的喧哗。

　　冬天，北方的乡村是寂静的。田野里成熟的庄稼早已被辛勤的农村收回到的仓库。已破土的冬小麦在白色的雪被下仿佛睡着了一般，静静地积蓄着力量，等待春风的唤醒。田野中的各种动物仿佛消失不见，只留下北风在田野呼号。冬天，北方的城市是喧嚣的。即便北风呼啸，大雪纷扬，仍然可以听到道路上车声，公园里的人声，远处工厂机器的轰鸣声。即使华灯初上，走到小街巷、也仍然能够听到小贩们一声长一声短的叫卖声。在城市，冬天的寂静仿佛根本不曾存在，世界永远呈现出喧嚣的状态。

　　读者在阅读这段文字中，通过并列式结构，结合特定的文章语境，可以从中体会写作者真实的思想倾向。

　　又如，唐代杜甫的诗歌《绝句》：

　　两个黄鹂鸣翠柳，一行白鹭上青天。

　　窗含西岭千秋雪，门泊东吴万里船。

　　这一古诗的写作也使用了并列式结构，四句诗中的每一句各自描绘了一幅独立的景观，这四幅景观放在一起却构成了一幅远近高低各不同的画卷。读者可以借助并列式逻辑结构体会诗歌的美妙之处。

（三）递进式结构

文学类语言篇章逻辑在语境中可以使用递进式结构进行表达。

例如，下面这段文字。

冬天的田野在大雪的覆盖下显得十分寂静，然而事实上，冬天的田野的土壤下藏着许多力量，许多动植物正在悄悄地积蓄力量，等待春暖花开时的季节，奋力拼搏。

你见过北方的冬小麦吗？当寒风呼啸，生长在北方的冬小麦，在温度降到零下后就会停止生长，进入休眠状态。整个休眠期甚至可长达 3 个月。然而，在土壤的覆盖下，小麦的生长却并没有结束，虽然土壤上方的麦苗不再生长，但是土壤下的麦苗根系仍然在持续生长。等到春天，气温回升后，麦苗就会在冬天积蓄的力量下短时间内返青，开始茁壮成长。

世界万物皆有生命。田野中小草撒落的草籽在冬天的土壤中虽然暂时冬眠，但并未曾放弃希望，一旦春天来临，小草将直面风雨，无畏地生长。有人以忽视他人的苦难显示权威，有人以关心他人的疾苦彰显素质，两者高下立见。而被压迫的人们，就如同冬小麦，如同野草，在严寒中默默积蓄着力量。

以上篇章中，二三段之间存在典型的递进式关系，表明写作者对冬天的生命的赞美，以及在严寒和苦难中默默积蓄力量的肯定。

又如，宋代杨万里的古诗《晓出净慈寺送林子方》。

毕竟西湖六月中，风光不与四时同。

接天莲叶无穷碧，映日荷花别样红。

这首古诗的第三句和第四句之间存在递进关系，彰显出六月西湖风光之美。

（四）修辞手法的运用

文学类语言篇章在创作的过程中，通常较为注重个体的感性体验，并将这种感性体验以诗意的逻辑表达出来。在具体语境中的诗意逻辑可以借助修辞手法表现出来。

例如，宋代陆游的《卜算子·咏梅》。

驿外断桥边，寂寞开无主。

已是黄昏独自愁，更着风和雨。

无意苦争春，一任群芳妒。

零落成泥碾作尘，只有香如故。

这首诗的第一句采用了白描式的写法，描绘了驿站外断桥边长着一棵梅树，树上的梅花已然盛开。第二句使用了拟人手法，描绘了梅花在黄昏的风雨中巍然盛放的场景。第三句仍然使用了拟人手法，赞美梅花不与百花争艳，在冬天开放，却惹来许多凡俗花朵的嫉妒。第四句，使用了拟人和比喻手法，将诗人自比为梅花。梅花即使经风着雨后，花瓣飘落被车马碾压成尘土，仍然将芳香留在人间，诗人以梅花自喻，体现出自己孤高雅洁的志趣。

这首诗歌如果按照正常的语言逻辑，无法对诗句之间的关系进行完美的阐释，而根据诗意逻辑，则可以结合修辞手法与梅花的外在形态、诗人的经历，对诗歌的深层内涵进行解读。

综上所述，文学类语言的篇章逻辑在语境中的表达，既应当遵循一般的篇章逻辑结构，同时也应当兼顾诗意逻辑。唯其如此，写作者在写作中才能更具有条理地描绘事物、刻画人物，读者在阅读篇章的过程中才能理解篇章的深层内涵。

除了以上几种逻辑之外，不同文学类语言类型在篇章中的逻辑还可以进行细分见表 6-1。

表 6-1　篇章逻辑一览表

序号	小说文体	篇章逻辑	说明
1	小说	归纳逻辑推理	以点带面的逻辑推理方式，小说在进行人物刻画过程中，不能面面俱到，需要在客观真实性的基础上对某一类型的人进行概括，才能体现生活中某一类人或某一类事物的特点，例如，鲁迅笔下的孔乙己、祥林嫂分别代表着现实生活中的两种人，而并不是指现实生活中的两个人，归纳逻辑的运用能够帮助写作者更好地进行人物形象刻画
		说旨逻辑推理	小说创作中，写作者的观点体现在小说的主旨和主题上，而这一主旨和主题的揭示，需要借助小说人物的语言、行动、故事情节等，读者在阅读小说的过程中可以结合人物的语言和动作，借助说旨逻辑推理出小说的主旨
		时间逻辑推理	小说通过故事情节的发展来刻画人物形象，揭示主题，小说中故事情节的发展通常遵循开端—发展—高潮—结束这一时间逻辑，在具体写作中，可能采用正叙、倒叙、插叙，读者在阅读小说的过程中，可以借助故事情节发展的时间逻辑进行推理对小说的主题进行推理
		情感逻辑推理	小说中的情感是小说人物形象刻画和表现小说主旨的重要手段，借助小说的情感表达可以更加深刻地理解人物的语言和动作，因此读者在阅读小说时，可以借助贯穿于小说中的情感，对小说的主题进行逻辑推理
2	诗歌	情感逻辑推理	诗歌由情而生，因情而发，诗人在写诗中遵循着一定的情感逻辑，例如诗歌《悯农》中即贯穿着诗人的"悯农"之情，读者在阅读诗歌的过程中也应当遵循情感逻辑，借助情感逻辑进行推理，能够更加深刻地体会诗歌的主旨
		"志"逻辑推理	诗言志，这里指诗歌具有表达诗人抱负和情感的功能，诗人在写作中一般将"志"隐藏在诗歌的字里行间，读者在阅读诗歌时，可以"志"为线索进行逻辑推理，明确诗歌的主旨
		哲理逻辑推理	有的诗歌中蕴含着深刻的哲理，例如王之涣的诗歌《登鹳雀楼》的后两句"欲穷千里目，更上一层楼"既符合客观真实体验，又与诗人的主观人生体验息息相关，揭示了一种普遍的哲理，读者在阅读哲理型诗歌时可以借助哲理逻辑结合具体语境进行推理，把握诗歌的深层内涵
		意象逻辑推理	诗歌篇幅较短，诗人在诗歌创作中常借助特定的物象和修辞来表达相应的概念、思想和情感，例如，杜康：多用来指酒的代称；鸿鹄：比喻那些有远大志向的人；鸡肋：指没有意思的事情；烟：指哀愁，苍凉；春日：指悠闲的心境等，读者在阅读诗歌时，可以借助意象进行逻辑推理，把握诗歌的情感和主旨
3	散文	"神"逻辑推理	散文的文体形式与小说和诗歌存在较大区别，具有"形散神不散"的特征，散文的"神"即是散文的灵魂，散文如果失去了"神"就会成为一盘散沙。散文写作者在进行散文创作时，始终围绕"神"进行，读者在阅读散文时也要根据"神"进行逻辑推理，以把握散文的内涵

续表

序号	小说文体	篇章逻辑	说明
4	剧本	剧情逻辑推理	戏剧是以剧本作为依据的文学形式,戏剧的主旨是通过剧情的起伏揭示出来的,优秀的戏剧作者借助戏剧剧情突出主旨,读者在阅读戏剧文学时应当以剧本为前提进行逻辑推理,明确剧本的主旨
		悬念逻辑推理	戏剧情节跌宕起伏,充满了矛盾与冲突,同时也存在许多悬念,揭示悬念的过程和结果则往往是戏剧作家想要表达的主旨,因此读者在阅读戏剧文学时应当借助戏剧悬念进行逻辑推理
		要素逻辑推理	戏剧创作的要素,可以概括为5W1H,即 Why(原因)、What(目的)、When(时间)、Where(地点)、Who(谁)、How(方法),戏剧创作者在进行剧本创作时,应当明确这些要素,并且以此出发构造剧情,明确戏剧的主旨,读者在阅读戏剧文学时,也可以借助要素逻辑进行推理,思考戏剧创作者的目的,把握戏剧的主旨

第二节　非文学类语言的篇章逻辑在语境中的表达

除了文学类语言之外,社会上还存在着大量非文学类语言。本书所指的非文学类语言主要包括应用类和实用类文体,例如,公告、通知、决定、报告、批复、意见、会议纪要、总结、演讲稿、贺词、申请书、论文、消息、通信、广告、合同等。本节主要对非文学类语言的篇章逻辑及其在语境中的表达进行详细分析。

一、非文学类语言的篇章逻辑

非文学类语言的篇章逻辑与文学类语言的篇章逻辑之间存在着一定的相同之处,同样需要使用比较、分析、综合、抽象、概括、归纳、演绎等逻辑思维方法。除此之外,非文学类语言的篇章中更注重段与段之间的因果逻辑关系、逆转逻辑关系、并列逻辑关系、顺承逻辑关系。

非文学类语言篇章的逻辑方法主要包括比较法、分析法、综合法、抽象法、概括法、归纳法、演绎法。

（一）比较法在非文学类语言篇章中的运用

比较法是一种基本逻辑思维方法，在非文学类语言篇章中使用较为广泛。以论文写作为例。在论文写作者为了突出论点，常使用比较法，对同一事物的两个方面，或相同事物之间进行比较，以获得较为科学的结论。

例如，煤和石油作为现代人类生活生产中不可或缺的燃料，具有各自的特点，论文写作者需要对两者的特点进行比较，才能结合论题得出结论。

（二）分析法在非文学类语言篇章中的运用

分析法作为一种基本逻辑思维方法，在非文学类语言篇章中使用较为广泛。以论文写作为例。写作者在确定论文课题之后，为了更深入地对论文课题进行研究，通常需要将论文课题按照一定的规律划分为多个方面，并对各方面进行细致研究。在论文写作中，也不可避免地需要对各方面的研究结果进行阐释和分析。

又如，在报告的写作中，写作者通常需要借助分析法对两个以上的事物进行说明和分析，以支持报告的结论，使报告的结论更加严谨。

（三）综合法在非文学类语言篇章中的运用

综合法作为基本逻辑思维方法之一，在非文学类语言篇章中的使用极为广泛。综合法与分析法在非文学类语言篇章中常一起使用，在对不同事物或同一事物的不同方面进行分析后，对所得出的结论进行总结。

以通知、公告、论文等为例。

通知、公告往往较为简短，然而为了突出观点和结论，通知公告中往往会使用分析与综合的方法。论文在对事物进行详细分析之后，也需要对不同层面或视角的观点进行总结，以得出鲜明的结论。

（四）抽象法在非文学类语言篇章中的运用

抽象法是逻辑思维的基本方法之一，抽象法是指忽略具体对象的非本质属性，从对象的本质属性出发，提炼对象本质属性的方法。抽象法在非文学类语言篇章中使用较为广泛。

以论文为例。论文写作中，写作者需要从具体事物的表象出发，对事物的本质属性进行提炼，并在此基础上，运用分析与综合的方法，对事物的本质属性进行分析，从而得出相应的结论。

（五）概括法在非文学类语言篇章中的运用

概括法是逻辑思维的基本方法之一，概括法是把对具体事物比较、抽象的结果推广到具有相同属性的一切事物上，从而形成关于这一类事物普通的概念和结论。概括法常与抽象法、比较法等共同使用，在非文学类语言篇章中应用较为广泛。

以报告为例。报告中通过对具体现象的分析与比较，需要通过概括的方法得出特定的结论。例如，在市场报告中使用货比三家的方式，对不同厂家生产的同一商品在市场上的价格、包装、促销手段等进行分析之后，可以概括出一定的结论，形成商品的市场销售策略。

（六）归纳法在非文学类语言篇章中的运用

归纳法是逻辑思维的基本方法之一，是从对个别事物的分析与比较，进而推导到一般的逻辑方法，归纳法在非文学类语言篇章中应用较为广泛。以商务谈判报告为例。报告撰写者在撰写商务谈判报告之前，应当对谈判对象的资信进行调查，通过对商务谈判对象与甲、乙、丙等公司的商务交易进行调查后，归纳出商务谈判对象的信誉情况，以及相应的特点，从而为即将到来的商务谈判提供依据。

（七）演绎法在非文学类语言篇章中的运用

演绎法是逻辑思维的基本方法之一，在其与归纳法正好相反，是从一般原理出发对个别事物具有同一或类似属性进行推断的方法，非文学类语言篇章中应用时常与归纳法结合使用。

以合同为例。合同中通常会以事物的一般惯用条件作为依据，列举可能出现的多种可能，并对相应的结果进行说明和规定。

二、非文学类语言篇章逻辑在语境中的功能

非文学类语言篇章与文学类语言篇章相比，具有更强的实用性和应用性，具体来说，具体主题单一、明确，语言表达程式化、结构多格式化的特点。非文学类语言的篇章逻辑在语境中的功能主要体现在以下几个方面。

（一）篇章逻辑在语境中的语言规范化功能

篇章逻辑的运用能够使得篇章语言在语境中的表达更加规范化，具体可以体现在以下几个方面。

1. 篇章逻辑使文字表达更加规范

非文学类语言篇章与文学类语言篇章一样，均是由语词、句、段构成的。与文学类语言篇章不同，非文学类语言篇章更加注重概念、判断、推理，强调语词、句子和段与段之间的逻辑。因此，在非文学类语言篇章中应用篇章逻辑，可以使文字的表达更加规范，有利于写作者正确使用概念、判断和推理进行表达，使篇章表达更加规范，逻辑结构严谨。对于阅读者来说，清晰、规范的篇章逻辑有利于阅读者理解篇章中涉及

的概念、判断和推理，能够在短时间内掌握非文学类语言篇章中的信息和要点。

相反，如果非文学类语言篇章中不存在篇章逻辑，则会出现词不达意，天马行空，不知所云的情况。

2. 篇章逻辑使文章的观点更加明确

非文学类语言篇章与文学类语言篇章一样，需要提出明确的观点和主题。与文学类语言篇章不同，非文学类语言篇章的篇幅和字数相对较少，观点更加突出，要求每一个观点需要有一定的论据支撑，因此，非文学类语言篇章的观点和论据之间的关系更加明确，要求相应的篇章逻辑性更强。

以政府通知为例。

政府通知一般由标题、称呼、正文、署名和日期三部分构成。

（1）标题

一般包括发文机关、事由、文种，有时某个政府部门内部的通知可以省略发文机关。例如，《教育部办公厅关于进一步做好"优师计划"师范生培养工作的通知（教师厅函〔2022〕22 号）》这一通知的标题较为完全，可以称为完全式标题。又如，《关于 XX 同志的任命通知》这一通知的标题省略了发文机关等内容，即属于省略式标题。

（2）称呼

政府通知需要写明被通知者的姓名或职称或单位名称。

例如，《教育部办公厅关于进一步做好"优师计划"师范生培养工作的通知（教师厅函〔2022〕22 号）》标题下的称呼："各省、自治区、直辖市教育厅（教委），新疆生产建设兵团教育局，部属师范大学"。

（3）正文

政府通知的正文通常因内容而异。

例如，《教育部办公厅关于进一步做好"优师计划"师范生培养工作的通知（教师厅函〔2022〕22 号）》围绕通知的主题，需要明确"优师计划"师范生培养工作的相关部署和要求。

又如，《关于 XX 同志的任命通知》这一通知属于人事通知，其正文需要明确 XX 同志的新任命职务以及职务的起始日期。

（4）署名和日期

政府通知在正文结束后的落款处，还应明确署名和日期并加盖公章。一般而言，政府通知结尾的署名应与标题中的发文单位保持一致。

例如，《教育部办公厅关于进一步做好"优师计划"师范生培养工作的通知（教师厅函〔2022〕22 号）》的署名和日期为教育部办公厅 2022 年 9 月 22 日。

从以上政府通知的格式来看，政府通知的正文部分运用了较多的篇章逻辑。仍以《教育部办公厅关于进一步做好"优师计划"师范生培养工作的通知（教师厅函〔2022〕22 号）》为例。这一通知的正文开头部分对发布通知的原因和目的进行了概述，下文则分为几条对如何开展"优师计划"师范生培养进行了说明。从正文结构看属于总——分式结构，使用了综合与分析逻辑方法。

除一政府通知外，启事、公告、会议纪要、论文等非文学语言篇章的逻辑在语境中也具有使文章的表达更加明确的功能。

以启事为例。

启事一般由标题、正文、结尾三部分构成。其中，标题一般较为简单，明确指出启事的类型，正文部分，则根据启事的性质和类型写清楚相应的事项。一般而言，启事正文部分的逻辑性较强。以征文启事为例。其正文部分应当包括征文的目的、主题、范围、要求、起止时间、评选方法、奖项和奖金标准，以及欢迎读者应征的语言等。通常征文的目的和主题、要求之间存在较强的因果关系，而征文的目的和征文范围、起止时间、评选方法等之间存在较弱的因果关系。启事的结尾部分则要写明发布启事的单位名称、联系地址、电话、联系人姓名、日期等。

启事的标题和正文、结尾应当保持一致，尤其是启事的正文各项目之间应当存在显性或隐性逻辑，而读者从启事中所获得的信息即是借助篇章逻辑经过演绎得出的结论。

（二）篇章逻辑在语境中的结构严谨化功能

非文学语言篇章逻辑具有促使特定语境的行文结构严谨化的功能，这一点主要体现在以下几个方面。

1. 非文学语言篇章逻辑在语境中的应用能够梳理文章脉络，突出文章主题

无论是文学语言篇章逻辑还是非文学语言篇章逻辑在语境中的应用均具有梳理文章脉络，突出文章主题的目的。

以论文为例。

论文的"论"即推论之意，论文是表达写作者个人或群体观点的文章。一篇论文就是一个复杂的论证。为了更好地说明论文的观点，同时使读者更好地了解论文的观点，论文中一般会综合使用各种逻辑方法，通过多方面的论据证明论点，使论证过程更加清晰、严谨。

例如，论文《地球是圆的》。这篇论文的标题即是论文的论点。为了证明这一论点，写作者需要拿出有力的论据，并运用逻辑推理证明论点，形成清晰的文章脉络，从而说服阅读者，获得阅读者的认同。唯其如此，这篇论文才是成功的。否则，如果写作者不能对"地球是圆的"这一论点进行逻辑论证，论文逻辑不通，论据与论点之间的关系杂乱，论据无法证实论点，那么这篇论文就毫无逻辑可见，就不是一篇成功的论文。

2. 非文学语言篇章逻辑在语境中的应用能够提升文章布局的合理性

非文学语言篇章与文学语言篇章相比，其写作需要遵循于客观的真实，而非文学语言篇章中写作者的个人体验真实。在非文学语言篇章写作中，要求写作者理清思路后，将材料进行合理布局，形成结构严谨的篇章结构。对于非文学语言篇章而言是否具有合理的布局和严谨的段落结构，直接关系着整个文章内容和主题的表达。

以通知和公告为例。

通知和公告作为应用性较强的文体，具有特定的格式要求，如果写作者不能按照这一特定格式写作，篇章的各段落之间没有严谨的逻辑性，则会导致通知和公告不知所云，拉长文章篇幅。

再以论文为例。

论文的主题较为鲜明，通常论文的标题即是论文的主题和论点。论文各部分的内容均应围绕主题进行谋篇布局，包括论文的开头与结尾，段落与层次，过渡与照应，以及论文中贯穿的各部分线索等，只有充分运用篇章逻辑才能够提升论文布局的合理性，写出来的论文才具有结构完整、层次清晰，条理分明，繁简得当的特点。

三、非文学语言的篇章逻辑在具体语境中的表达

本书所指的非文学语言篇章类型多样，包括多种文体类型。在这里主要以论文、新闻、合同等为例，对非文学语言的篇章逻辑在具体语境中的运用进行分析。

（一）论文篇章逻辑在具体语境中的表达

论文的写作应当遵循逻辑规范，如果不遵循逻辑，就可能出现文不对题、转移论题、自相矛盾、推论失当的种种逻辑错误。

论文篇章逻辑在具体语境中的应用主要表现在以下几个方面。

1. 论文生成逻辑在语境中的表达

论文的论点、论据，以及论证方式是论文的三个要素，任何一篇论

文均应包含这三个要素。如果有一项缺失，这篇论文的要素就不完整。论文写作者在进行论文写作时，在确定论点后，应当寻找论据，并且借助论据进行论证，以论据支撑论点，以严密的论证推理出论点。读者在阅读论文时，也可以从论点、论据以及论证方式着手，在明确论文论点的基础上，考察论文的论据，以及论文的论证方式是否经得起严密的推论。

2. 分解式逻辑在语境中的表达

论文是由论点、论据和论证方式构成的有机体，在论文篇章写作和阅读中，可以通过论据逻辑来推理论点，也可以通过论点逻辑来推理论据。

（二）新闻篇章逻辑在具体语境中的表达

新闻是对新近发生事件的报道，新闻具有突发性、时间性、社会文化价值性、相关性、明晰性等特点，新闻作为一种特殊的非文学文体，具有主题鲜明、事实清楚、全面充分、结构严密、层次分明的特点。新闻篇章逻辑在具体语境中的表达可以表现在以下几个方面。

1. 新闻要素逻辑在具体语境中的表达

新闻要素是指新闻构成的基本成分，新闻要素具体可以划分为五要素和六要素，本书以新闻的六要素为例进行分析。新闻六要素包括时间、地点、人物、事件的起因、经过、结果，概括成一句话就是：某人某时在某地为何做了某事出现了某种结果。

写作者在进行新闻写作时，必须涉及新闻的六要素，如果六要素缺失，则会造成新闻报道不明确的失误，读者在阅读新闻时也可以借助新闻的六要素进行逻辑推理，以明确新闻事件的整体概貌，以及新闻的主题。

2. 新闻结构逻辑在具体语境中的表达

新闻要求以最少的文字表达充分的情况，强调有价值的内容，具有简洁、凝练的特点。新闻写作时通常采用时间顺序和倒金字塔结构。即新最重要、新鲜且具有价值的信息放在开头，后面的新闻材料则按照重要程度依次递减的顺序进行排列。写作者在写作新闻时，除了强调时间顺序和倒金字塔结构之外，还必须兼顾新闻的六要素。

例如下面的新闻。

2022年10月14日，范晓莉在解读《广西壮族自治区人大常委会关于发展全过程人民民主完善工作机制的实施意见》专题视频会上强调，全区各级人大要结合即将召开的党的二十大精神，在坚持和发展全过程人民民主中持续推进制度创新实践创新，推动新时代人大工作高质量发展。

这一新闻即属于一句话新闻，只强调了重点和有价值的新消息，然而时间、地点、人物、事件的起因、经过、结果这六个要素却全部具备。读者在阅读新闻时，结合新闻的结构逻辑即可以推断新闻的主题和信息。

3. 新闻主旨逻辑在具体语境中的表达

一则新闻均有一个鲜明的主旨和思想，新闻写作过程中，写作者往往围绕特定的主旨进行创作。读者在阅读新闻时，通过新闻主旨即可推断出新闻写作者表达的真实思想。

以下列这则新闻为例。

推进秋粮储备收购　做好设施农业减灾

据气象部门最新预报，我省多地出现雨雪、寒潮、大风天气，同时伴有道路结冰、降温、大风等，为切实做好农业防灾减灾，省农业农村厅下发紧急通知，通过及时发布预警，积极做好秋粮储备收购等，努力防范天气变化对农业生产的不利影响，最大程度降低因灾损失。

及时发布气象预警信息。通知要求各级农业农村部门要与气象部门加强沟通、及时会商，分析本地区此轮天气过程，研判对农业生产的影响，通过电视、广播、报纸以及手机短信、微信等方式，以及直通式气象服务、农村大喇叭等渠道，及时发布气象信息和农事建议，指导农民群众和有关主体落实防范应对措施。

做好秋粮储备收购。各级农业农村部门要指导农民科学储粮，积极推广新型装具，搞好技术培训和服务，避免出现霉粮坏粮；积极开展粮食节约行动，落实好节粮减损各项措施，减少各环节粮食损失浪费。同时，要创新措施，抓好市场化收购与政策性收购，统筹考虑粮源分布和仓容情况，合理布设收购网点，方便农民就近售粮。

做好设施农业防灾减灾。通知指出，有关地区要充分汲取去年暴雪灾害教训，组织农户做好突降大暴雪防御措施。强化渔业安全措施落实。沿海地区要严格落实船籍港管理责任，密切关注气象预警信息，遇有大风要及时通知、督促船东船长严格落实安全防范措施，按有关规定回港避风、安全避险。强化执法检查，严厉打击违法违规行为。

以上这则新闻的主旨包括两个方面，即"推进秋粮储备收购"和"做好设施农业减灾"。根据这则新闻的主旨进行逻辑推理可以得出以下结论：

（1）近来我省多地出现了不利于农业生产的雨雪、寒潮、大风天气。

（2）各级农业农村部门要与气象部门沟通，并有针对性地借助电视、广播等渠道指导农民群众和有关主体做好防范应对措施。

（3）各级农业农村部门要做好秋粮储备收购工作。

（4）各级农业农村部门要做好设施农业防灾减灾工作。

（三）合同篇章逻辑在具体语境中的运用

合同作为一种应用文体，是双方或多方当事人在办理事务之时，为了确定各自的权利和义务，经协商制定的、共同遵守的、具有法律约束力的一种协议。

　　合同书的写作需要遵循一定的格式，主要包括标题、当事双方的名称、姓名、住所、身份证号、约定的条款、履行期限、地点和方式、违约责任、争议解决办法等、签字或盖章。订立合同的目的是信守约定，一旦出现纠纷便于仲裁机构根据相应的合同条款进行仲裁。

　　合同的篇章逻辑以条款要素为主，合同订立时，双方当事人应当根据约定事项所涉及的相关要素订立条款，在阅读合同时，也应当以相关要素作为纲要进行逻辑推理。

第三节　汉语的篇章逻辑在语境表达中的原则

　　无论是文学类语言篇章逻辑还是非文学类语言篇章逻辑在语境中的表达均应遵循一定的原则。本节主要对此进行详细分析。

一、整体性原则

　　汉语篇章是由语词、句子和段落构成的具有多个概念和命题的有机整体，汉语篇章是以语言体系的形式出现的。篇章中的各个语词、句子和段落所表达的意思应当具有完整性，只有把握文章的完整意思，才能高屋建瓴地理解篇章中的概念、判断以及推理。

　　以唐代李白的古诗《静夜思》为例。

静夜思

床前明月光，疑是地上霜。
举头望明月，低头思故乡。

这首古诗十分简短，只有四句。然而这首诗的主旨和其中所蕴含的情感必须结合标题、正文进行整体逻辑推理的基础上才能理解。否则，如果不能坚持篇章逻辑在语境中表达的整体性原则就会出现断章取义、望文生义的错误。

再以朱自清的散文《春》为例。

春

盼望着，盼望着，东风来了，春天的脚步近了。

一切都像刚睡醒的样子，欣欣然张开了眼。山朗润起来了，水涨起来了，太阳的脸红起来了。

小草偷偷地从土里钻出来，嫩嫩的，绿绿的。园子里，田野里，瞧去，一大片一大片满是的。坐着，躺着，打两个滚，踢几脚球，赛几趟跑，捉几回迷藏。风轻悄悄的，草软绵绵的。

桃树、杏树、梨树，你不让我，我不让你，都开满了花赶趟儿。红的像火，粉的像霞，白的像雪。花里带着甜味儿；闭了眼，树上仿佛已经满是桃儿、杏儿、梨儿。花下成千成百的蜜蜂嗡嗡地闹着，大小的蝴蝶飞来飞去。野花遍地是：杂样儿，有名字的，没名字的，散在草丛里，像眼睛，像星星，还眨呀眨的。

"吹面不寒杨柳风"，不错的，像母亲的手抚摸着你。风里带来些新翻的泥土的气息，混着青草味儿，还有各种花的香，都在微微润湿的空气里酝酿。鸟儿将窠巢安在繁花嫩叶当中，高兴起来了，呼朋引伴地卖弄清脆的喉咙，唱出婉转的曲子，与轻风流水应和着。牛背上牧童的短笛，这时候也成天在嘹亮地响。

雨是最寻常的，一下就是三两天。可别恼。看，像牛毛，像花针，像细丝，密密地斜织着，人家屋顶上全笼着一层薄烟。树叶子却绿得发亮，小草也青得逼你的眼。傍晚时候，上灯了，一点点黄晕的光，烘托出一片安静而和平的夜。乡下去，小路上，石桥边，有撑起伞慢慢走着的人；还有地里工作的农夫，披着蓑，戴着笠的。他们的草屋，稀稀疏疏的，在雨里静默着。

天上风筝渐渐多了，地上孩子也多了。城里乡下，家家户户，老老小小，他们也赶趟儿似的，一个个都出来了。舒活舒活筋骨，抖擞抖擞精神，各做各的一份事去。"一年之计在于春"，刚起头儿，有的是工夫，有的是希望。

春天像刚落地的娃娃，从头到脚都是新的，他生长着。

春天像小姑娘，花枝招展的，笑着，走着。

春天像健壮的青年，有铁一般的胳膊和腰脚，他领着我们上前去。

这篇散文创作于 1933 年，作者朱自清从欧洲漫游回国后，与妻子缔结了美满的姻缘，后又喜得贵子，出任了清华大学中国文学系主任。在这一特殊背景下，作者将特定时期的人生心境融入散文中。从结构上来看，这篇文章采用了总—分—总的形式，运用了大量综合、分析、归纳、演绎、修辞等逻辑方法，通过盼春、绘春与颂春，歌颂了生意盎然的春天，抒发了作者热爱春天、憧憬未来的欣喜之情。读者在阅读这篇散文时，应坚持整体性原则，才能更好地理解文章内外语境中的篇章逻辑。

二、客观性原则

无论是文学类篇章还是非文学类篇章，均为人类创造的精神产品。俗话说，"一千个读者有一千个哈姆雷特"。篇章一经问世即拥有了独立的生命，成为一种客观的存在。无论文学类篇章还是非文学类篇章均应当坚持以篇章作为首要特性，篇章逻辑必须以特定的篇章作为依据，即篇章逻辑在语境中的表达应当遵循客观性原则。

以英国剧作家威廉·莎士比亚（William Shakespeare）创作的戏剧《哈姆雷特》为例。

《哈姆雷特》是一出典型的希腊悲剧，讲述了丹麦王子哈姆雷特为父报仇的故事。丹麦王子哈姆雷特在德国威登堡大学就读时突然接到父亲的死讯，回国奔丧时接连遇到了叔父克劳迪厄斯即位和叔父与母亲乔特鲁德在父亲葬礼后一个月匆忙结婚的一连串事变，这使哈姆雷特充满了疑惑和不满。紧接着，在霍拉旭和勃那多站岗时出现了父亲老哈姆雷特的鬼魂，说明自己是被克劳迪厄斯毒死并要求哈姆雷特为自己复仇。随后，哈姆雷特利用装疯掩护自己并通过"戏中戏"证实了自己的叔父的确是杀父仇人。由于错误地杀死了心爱的奥菲莉亚的父亲波罗涅斯，克劳迪厄斯试图借英王手除掉哈姆雷特，但哈姆雷特趁机逃回丹麦，却得知奥菲莉亚自杀并不得不接受了与其兄雷欧提斯的决斗。决斗中哈姆雷特的母亲乔特鲁德因误喝克劳迪厄斯为哈姆雷特准备的毒酒而中毒死去，哈姆雷特和雷欧提斯也双双中了毒剑，得知中毒原委的哈姆雷特在临死前杀死了克劳迪厄斯并嘱托朋友霍拉旭将自己的故事告诉后来人。

这部戏剧的情节完整，人物形象鲜明，语言丰富生动而富于哲理。数百年来，这部戏剧赢得了无数中外读者的喜爱。人们结合不同语境对戏剧主人公哈姆雷特和故事情节进行评论，出现了大量独特视角的评论。值得注意的是，戏剧的情节逻辑推理、人物性格逻辑推理，需要结合戏剧本身的语境，不能脱离戏剧的语境而谈人物性和戏剧情节。如果脱离了原有的戏剧语境，哈姆雷特等戏剧人物就会成为悬浮人物，只有坚持客观性原则，将戏剧人物和剧情放置于戏剧原有的语境中，才能更加深刻地理解戏剧的内涵和戏剧的悲剧色彩。

第七章 汉语的修辞逻辑在语境中的表达

第一节 词语修辞逻辑在语境中的表达

修辞与逻辑之间存在密切关系，逻辑是修辞的思维理据，而修辞则可以更加生动、准确地表达逻辑思维的内容。词语修辞逻辑是汉语修辞逻辑的重要组成部分，本节主要对词语修辞逻辑在语境中的表达进行详细分析。

一、汉语词语修辞

汉语词语修辞是指在言语行为活动中词语的选择和配合。人们在表达某一意思时，可以选择的词语有很多，然而在特定的语境中，只有一个词语是最为准确和恰当的。汉语词语修辞主要包括词语选用、词语搭配、词语拆用、词语换用、词语联用、倒辞、词语简缩等。

（一）词语选用

1. 词语选用的要求

词语选用的要求是弄清对象、准确朴实、简洁有力、新鲜活泼、形象生动。

（1）弄清对象

弄清对象是指在言语行为活动中，人们在使用某个词语时，应当准确地把握这一词语的含义，弄清词语是否适合所指的对象，取得良好的表达效果。

例如，贾岛的诗歌《题李凝幽居》中"僧敲月下门"一句中对使用"推"还是"敲"字进行了长时间的琢磨，最终根据诗文所表现的夜间的寂静之意这一对象，确定了使用"敲"字。

（2）准确朴实

准确是指在言语行为活动中，人们使用的词语应当切合被描述的对象和人物的思想感情。

例如，小明没有当上班长，同学们都放学回家后，小明懊恼又委屈地哭了。

这句话的前提是"小明没有当上班长"这一事实，"小明哭了"是结果，在描述"小明哭了"这一对象时，使用了"懊恼"和"委屈"表现出小明付出了很多努力，却仍然无法竞争过他人，没有当上班长，感觉羞愧的复杂心情。

（3）简洁有力

简洁有力是指在言语行为活动中，运用较少的词语表达丰富的内容。

例如，A：小明终于当上了班长，可算是完成了自己的心愿。

B：小明终于如愿以偿当上了班长。

以上两个句子中的 B 句使用"如愿以偿"这一成语进行表达，使得 B 句较之 A 句更加简洁有力。

（4）新鲜活泼

新鲜活泼是指在言语行为活动中，选用的词语应当新颖独特，富于生气，令人耳目一新。

例如，A：天上有一轮弯月亮，很亮。

B：天上挂着一弯皎洁的新月。

这两句话中的 B 句使用"挂着""一弯""皎洁""新"等词语形容月亮的状态，十分传神，较之 A 句更加富有生气。

（5）形象生动

形象生动是指在言语行为活动中，所使用的词语能够将人或事物的外貌、情感栩栩如生地表现出来。

例如，桃花依旧笑春风。

这句话中的"笑"字将桃花在春天开放的状态表现得极其生动、形象。

2. 词语选用的方法

词语选用的方法主要包括根据句意选择词语、注意同义词语选择、避免同义词语重复。

（1）根据句意选择词语

根据句意选择词语主要指通过句子所表达的意思选择词语，判断词语在句子中的使用是否周密。在言语行为活动中，说话者在进行表达时，应当从句子所表达的意思出发，比较相关词语，并从中选择最为合适的词语。

例如，"僧推月下门"和"僧敲月下门"两个句子的唯一区别是动词的使用，其中"推"通常手部更加用力，通常不会发出声音，以此来表现月夜的寂静无声。而"敲"则会发出声音。在寂静的夜晚，任何微小的声音都会被放大，使用"敲"也能够反衬出夜晚的寂静，并且更加形象。因此，诗人贾岛最后选择了"敲"字。

这一例子中贾岛对"推""敲"二字的选择即是从句意出发进行的选择。

（2）注意同义词语选择

汉语词语中存在大量同义词，在言语行为活动中，人们在选用同义词时，应当对同义词的内涵和外延进行充分了解，选择与语境最为切合的词语。

1）注意同义词的理性意义

汉语词语，尤其是实词和短语均具有一定的实际意义，在选择这些词语时，应当先对这些词语的意义进行确切的了解，然后再决定是否选用。如果对词语的意义不了解就随意使用则会出现用词不当，词不达意的后果。

例如，"鼓励"和"奖励"是一对同义词，其中，"鼓励"的意思是激发、勉励，是一种精神上和口头上的支持，有利于引导和促进对象实现目标；而"奖励"是指从精神上和物质上进行鼓励。

妈妈为了鼓励小明学轮滑，特意给他购买了漂亮的轮滑鞋。

这句话中的"鼓励"如果换成"奖励"则会违反句意，导致句子的表达出现谬误。

2）注意同义词的附加意义

汉语词语除了理性意义之外，往往还具有一定的附加意义。词语的附加意义是词语在长期的使用中逐渐形成的。例如，词语的色彩意义即属于词语的附加意义。

同义词的理性含义相同，附加意义可能存在较大差异，在具体语境中使用哪一个词语，需要考虑全句所表达的意义和感情色彩，所选择同义词的感情色彩必须与句子的感情色彩保持一致，否则就会造成逻辑错误。

例如，"孤注一掷"和"破釜沉舟"两者均有下定决心做某件事的意义，理性意义相近。然而，"孤注一掷"多含贬义，而"破釜沉舟"则属于中性词，两者的色彩意义不同，在使用时需要结合语体语境进行选择。

（3）避免同义词语重复

同义词能够表达相同或相近的理性意义，在同一语境中使用时，应当避免重复使用同义词描绘同一个对象，否则就会造成用词啰嗦、重复的逻辑错误。然而，在同一语境中，如果使用不同的同义词描绘不同的对象，则会使语句更加活泼和新颖。

例如，听说我们单位要招聘、招请机器人工程师人才。

"招聘"和"招请"均具有聘请人员的意思，从理论上来讲，在同一语境中应当避免这两个词语形容同一个对象。上例中，使用"招聘""招请"共同来修饰"机器人工程师人才"则属于用语重复，应当删除两者之一。

（二）词语搭配

词语搭配是指在同一句子中，不同的词语在充当句子的不同成分时，应当注意词语之间的搭配，以确保文句顺畅，表意准确。词语的搭配必须结合具体的语境。

例如，鲁迅《从百草园到三味书屋》中的一句话：

不必说碧绿的菜畦，光滑的石井栏，高大的皂荚树，紫红的桑葚；也不必说鸣蝉在树叶里长吟，肥胖的黄蜂伏在菜花上，轻捷的叫天子（云雀）忽然从草间直窜向云霄里去了。

这句话中包含着多个分句，使用了多个形容词"碧绿""光滑""高大""紫红""肥胖""轻捷"等，分别用来形容"菜畦""石井栏""皂荚树""桑葚""黄蜂""叫天子（云雀）"，这些形容词均具有积极色彩，将百草园中动物的可爱与美好十分形象地展现出来，凸显了百草园的兴味无穷和生机盎然。

词语搭配应当从以下几个方面着手。

1. 同义词搭配

在同一语境中，多个同义词不能修辞同一个对象，然而在特殊语境中，使用多个同义词从不同角度形容同一个对象，则会收到特殊的表达效果。

例如，鲁迅小说《孔乙己》中孔乙己所说的"窃书不能算偷……窃书……读书人的事，能算偷吗？"

孔乙己所说的话中出现了"窃"和"偷"这一对同义词，这一对同义词所表达的理性意义相同，然而色彩意义却不同，"窃"带有强烈的书面语体色彩，"偷"则带有鲜明的口语语体色彩，"窃"和"偷"同时出现，并且作为孔乙己狡辩的话语，既反映了孔乙己所受的封建教育的荼毒之深，也反映出其作为一个旧时代知识分子的颓唐迂腐、潦倒和无赖的性格。

2. 反义词搭配

除了同义词搭配之外，在特定语境中使用反义词搭配也可以收获独特的表达效果。

例如，"平凡的伟大"这句话中使用了"平凡——伟大"这一对反义词，看似矛盾，却含意深邃，能够引起人们的深入思考。

又如，得知小明就是那个拾金不昧的人后，我觉得他矮小的身影突然变得高大起来。

这句话中使用了"矮小——高大"这一对反义词，其中"矮小"表明小明的实际身高，而"高大"则形容小明的品质十分优异，这一对反义词一同用在句子中，彰显出作者对小明优异品质的敬佩和赞赏。

（三）词语的拆用

词语的拆用是指为了达到特殊的表达效果，故意将约定俗成的词语拆开或变换结构使用。词语的拆用可以使语句的语音更加协调，语势增强，使语言更加轻松活泼、诙谐幽默。

例如，小明的字写得又古又怪的，有的句子还颠了又倒，倒了又颠，实在是读不通。

这一例子中，将"古怪""颠倒"这两个约定俗成的词语拆开来使用，形成了"又古又古""颠了又倒，倒了又颠"这两个新词语，使得句子所表达的意思更加形象和生动。

（四）词语的换用

在词语运用中，人们为了避免句子的单调和呆板，常在应当或可以使用同一词语的地方换用其他词语，从而使得语言变得活泼生动，富于变化。

例如，松柏一年四季常青，春天有绿芽，夏天有绿荫，秋天有绿叶，冬天有绿枝。

这句话使用"绿芽""绿荫""绿叶""绿枝"对松柏一年四季常青的特点进行了介绍，无论是哪一个季节，松柏均有这些特点，然而句子中将这四个特点，分别与"春天""夏天""秋天""冬天"四个季节相结合，不仅避免了语言的单调和乏味，还将松柏的特点描写得生动有趣。

（五）词语的联用

词语的联用是指将意思相关、结构相同或相似，字数相近，语气一致的语词进行联用，以加强语气，突出语言的感染力，增强语言的节奏美感。

例如，春天来了，田野中的野花野草纷纷冒出头来，东张西望，摇头晃脑，争奇斗艳，挤挤挨挨，十分有趣。

这句话中使用连续使用了"东张西望""摇头晃脑""争奇斗艳""挤挤挨挨"等四字词语来形容春天田野中的野花野草的状态，增强了语言的感染力和句子的节奏感。

（六）倒辞

倒辞是指运用跟所要表达的意思相反的词语来突出真实的效果图。

例如，小明跟小刚这一对好朋友闹掰了，不但骂人，还动手打对方，两个人现在都头破血流的，可真是"相亲相爱"！

这句话结尾所使用的"相亲相爱"与整个句子所表达的小明和小刚争吵打架的行为相反，然而却并不产生逻辑错误，原因就是"相亲相爱"一词加了引号表明是与说话人所表达的意义相反，这里即使用了"倒辞"手法，突出了说话人对小明和小刚骂人、打架这种行为的否定和生气。

（七）词语的简缩

词语的简缩，是指将约定俗成的复杂词语简略化。在语言表达中，有时出于经济性的需要，会对词语进行压缩和省略。经过简缩后的词语看起来像词，其实原本是形式较长的专有名称或经常合用的词语。

词语的简缩方式主要有三种，即截取方式、抽合方式、数概方式。

1. 截取方式

截取方式，从原本较长的词语中截取具有鲜明特征的词所组成的短语。

例如，"中国人民解放军"这一较长的词语，可以截取其中的一部分，简称为"解放军"，也不会产生歧义。

又如，"中华人民共和国教育部"一词，可以仅截取后半部分，简称为"教育部"，不会产生歧义。

2. 抽合方式

抽合方式，是指在原有词语的基础上，抽出其中的几个字，然后将它们重新组合在一起。

例如，"中国语言文学系"这一词语，从其前中后各抽取一字即可组成"中文系"这一新的词语。

又如，"大学、中学、小学"这三个词语中均包含"学"这一语素，可以将前两个"学"省略，仅取最后一个"学"，简称为"大中小学"。

3. 数概方式

数概方式，是根据原有词语中的关键字及其数量，然后用提示性的数量词语进行概括。

例如，"百花齐放""百家争鸣"这两个词语中均包含"百"字，即可概括为"双百"。

又如，"绿水青山就是金山银山"这一短语中的"青山""金山银山"均包含"山"字，使用数概方式进行简缩，即可称为"两山"。

除了词语选用和词语搭配之外，在词语修辞中还可以使用多种修辞手段达到词语使用的恰当、准确、鲜明、有力和生动、形象。

二、汉语词语修辞逻辑及其表达

汉语词语修辞在语境中的表达应当遵循逻辑思维的同一律、矛盾律和排中律。

（一）在具体语境中词语修辞应当遵循同一律

汉语词语修辞在语境中的表达应当遵守逻辑思维的同一律，然而在具体语境中存在由于词语选用失误、词语色彩不协调而违反同一律的情况。

1. 词语选用失误违反同一律

词语选用是汉语词语修辞的重要内容，在具体语境中，存在由于不分场合、不看对象、不管体式、不考虑语意，而造成词语选用失误，违反同一律的现象。

例如，妈妈中午做了红烧排骨，我们全家都贪得无厌地埋头大吃。

"贪得无厌"意思是贪婪，没有满足的时候。这句话多形容人对财物的追求。上例中使用"贪得无厌"来形容吃饭的神态，显然文不对题，属于词语选用失误。"贪得无厌"这一成语所表达的意思与整个句子的意思不同，违反了同一律。

又如，虽然周末学校放假，天气晴好，所以小明就是不想出门玩。

这句话使用了"虽然……""所以……"两个联结词语，然而这两个联结词语所表达的句子关系却完全不同，其中，"虽然"常与"但是（但、可是）"搭配，表示转折关系；而"所以"常与"因为（由于）"搭配表示因果关系。上面例句中，没有考虑语意，选用了两个表达不同关系的联结词，违反了同一律，而导致句子产生逻辑错误。

2. 词语色彩不协调违反同一律

汉语词语中存在许多包含鲜明感情色彩和语体色彩的词语。在具体语境中，存在由于词语色彩不协调而违反同一律，导致汉语词语修辞逻辑错误的情况。

例如，小明成为一班的新班长后，整天上蹿下跳，忙碌不停。

这句话中使用了"上蹿下跳"这一成语，其本义是到处蹿跳，比喻人上下奔走，四处活动，带有贬义色彩。而结合整句话的意思则是表现小明成为新班长后，为了班级事务忙碌，十分辛苦，暗含褒义色彩。而"上蹿下跳"一词与整句话所表达的色彩意义正好相反，属于因词语色彩不协调违反同一律而造成的逻辑错误。

又如，今天下工厂，大家伙都辛苦了，谁也不锱铢计较，都很卖力气，这就很好，不要学那些眼皮子浅、净挑轻省活干的人。

这句话中使用了"大家伙""卖力气""眼皮子浅""轻省活"等极具口语化的语言，具有鲜明的口语语体表达特点。然而，"锱铢计较"一词却具有较强的书面语体色彩，与整个句子的口语语体色彩不协调、不一致，属于因词语色彩不协调违反同一律而造成的逻辑错误。

（二）在具体语境中词语修辞应当遵循矛盾律

汉语词语修辞在语境中的表达需要遵守矛盾律，然而在具体语境中，存在一些由于词语选用不当而导致的词语修辞违反矛盾律的错误。

例如，讲话水平的高低，取决于讲话者思维的敏捷。

这句话中前半句的对象是"讲话水平"使用"高低"这一对意思相反的词语来修饰对象，后半句的"讲话者思维的敏捷"，才能导致"讲话水平高"的结果。这一例句的前半句与后半句所表达的意思不一致。属于由于词语选用不当而违反了矛盾律而导致的词语修辞逻辑错误。

又如："一张方的圆桌子""一个铁制的木桶子"等短语均违反了矛盾律。其中，"一张方的圆桌子"中的"方"和"圆"是一对反义词，"方"表明桌子是方形的，而"圆"则表明桌子又是圆形的，一张桌子不能既是方形又是圆形，只能二者择一，所以这一短语违反了矛盾律。

"一个铁制的木桶子"中的"铁"和"木"在这一短语中均指桶的材质，这两个词语本身并不具有反义意义，然而当用在这个特定的短语中时则具有了反义意义，而同一个桶子不能既是铁制，又是木制，只能二者择一，所以这一短语违反了矛盾律。

（三）在具体语境中词语修辞应当遵循排中律

词语修辞在语境中的表达需要遵循排中律，然而在具体语境中，存在由于词语搭配不当而导致的词语修辞违反排中律的错误。

例如，这种动物是牛又非牛。

这句话中"是牛又非牛"看似是意思相反的搭配，实则违反了排中律。

第二节　句用修辞逻辑在语境中的表达

句子是语言的基本单位，在人类思想表达中起着不可或缺的作用。汉语句子的选择、加工和调整在语言表达中极其重要。汉语句用修辞，主要指汉语句式修辞。汉语中的句式丰富多样，根据不同条件可以划分为不同句式。从修辞视角看，无论哪一种句式，均是语言表达单位，既可以单独使用，也可以进行加工和调整，以达到理想的修辞效果和表达效果。

一、句用修辞

从修辞视角研究汉语句子，主要考虑句子的修辞效果。根据句子的修辞效果，句子可以划分为长句和短句、整句和散句、主动句和被动句、肯定句和否定句等多种类型。

（一）句用修辞的类型

1. 长句和短句

长句和短句是从句子的结构和用词进行划分的句式类型。

（1）长句

长句指用词多、结构复杂，层次清楚，关系明确，能够表达复杂内容，叙事具体，说理严密的句子，具有长而不乱、表达精确、缜密、气势舒畅的特点。长句一般多用于议论文、学术论文等文体中。

以下句为例：

作为人类历史上规模最大的航天器，空间站是一种在近地轨道长时间运行、可满足航天员长期在轨生活、工作及地面航天员寻访的载人航天器。

这句话中使用了多个定语对空间站进行介绍。其中包括"人类历史上规模最大的航天器""一种在近地轨道长时间运行""可满足航天员长期在轨生活、工作""地面航天员寻访"等，如果将这些定语去掉，则句子的主要成分是"空间站是一种载人航天器"。

从上例中来看，将长句变短后，句子的表达简洁了，然而大量信息也随之缺失。

再以下句为例：

身处大海，我感受到它磅礴的气势和豪迈的激情；身处平原，我感受到它辽阔的胸襟和伟大的仁慈；身处高山，我感受到高山的雄伟的气概和险峻的风光；身处森林，我感受到它无垠的繁茂和生命的青葱。

从上例中来看，这一长句采用了排比修辞格，句中包含多个并例结构，表达了较强的气势。

（2）短句

短句指词语少、结构简单的句子，具有简明扼要、风格明快、活泼、有力的特点。

以下句为例：

月光如水，凉风习习，虫鸣啾啾，真是一个美好的乡村夜晚。

这句话的主语是"（这是）一个乡村夜晚"，使用了"月光如水""凉风习习""虫鸣啾啾"对夜晚的景色进行描绘，然而词语简洁、明快，表达灵便，易读易理解。

总体上来看，短句与长句相比，表达更接近于口语。长句和短句之间可以相互转化，单纯用长句和单纯用短句，有时会给人以呆板之感。在特定语境中，使用句子修辞，选择长句和短句进行表达，能够更加清晰、明确地表达说话者的意思。

2. 整句和散句

整句是指结构整齐、长短划一的句子，具有严整、庄重典雅的色彩，能够表现句子的整齐美，多在诗歌、文艺性散文中使用；散句则指结构自由，长短不等的句子，具有自由活泼、富于变化的特点，能够表现句子的参差美，多在记叙文和说明文中使用。

以下句为例：

桃花落了，桃子就快长大了；竹笋冒头了，竹子就快成材了；过了冬至，离过年也就不远了。

这句话即属于整句，三个分句的结构相同，字数相近，形式上整齐，语义上则相互映衬，能够表达独特的艺术效果。

又以下句为例：

过了冬至，天就天长，却越来越冷，人们都猫在屋子里不出来。

这句话即使用了散句，句子结构和长短不一。

一般而言，整句和散句在语境中使用时，常常相互结合，整中有散，散中有整，显得十分活泼。

再以下句为例：

咚咚咚，鼓声响起来了，人们各自搬了凳子在戏台前落座，小孩子们则撒着欢跑着，花生、瓜子、汽水、香烟的叫卖声，戏台前的呼朋唤友声，戏台上的锣鼓声响成一片。

这一句子即属于整句和散句相互结合的句子。

3. 主动句和被动句

主动句和被动句是从句子主语是动作的施事者还是动作的受事者角度进行划分的句式。句子的主语是动作的施事者的句子称为主动句；句子的主语是动作的受事者的句子称为被动句。

以下句为例：

小明今天去上学了。

这句话是一个主动句，句子的主语"小明"是"去上学"这一动作的施事者。

主动句能够强调发出者的动作行为怎么样，能够直截了当地说明问题，且与被动句相比，句式较为简单明了。

再以下句为例：

上课时，小明被老师叫起来提问。

这句话是一个被动句，句子的主语"小明"是"叫起来提问"这一动作的受事者。被动句侧重强调受事者承受动作后的结果，使用被动句能够有表达遭受的结果。

在具体语境中，主动句和被动句如果使用失误，所表达的句子逻辑可能出现错误，造成语意误解。

4. 肯定句和否定句

肯定句是指谓语前不含否定词语的句子，表示肯定意义；否定句则正好相反，是指谓语前含有否定词语的句子，表示否定意义。

例如，小明是学习委员，不是班长。

这句话的前半句属于肯定句，后半句属于否定句。

肯定句和否定句还可进一步延伸出双重否定句，双重否定句表示肯定意义和强调语气。

（二）句用修辞的方法

句子的修辞方法具体包括句式的选择，以及句子的加工和调整。

1. 句式的选择

汉语句式多样，不同句式的表达作用不同，关键在于如何正确、合理地使用不同句式，使其产生良好的修辞效果。句式的选择可从以下几个方面着手。

（1）同义句式的选用

同义句是指句子内容基本相同，而结构不同的句式。汉语中不仅存在大量同义词语，还存在大量同义句式。

例如：

小明真聪明——小明可不笨——小明脑瓜子真灵——小明脑子转得快。

以上四个句子所表达的内容基本相同，均表达"小明聪明"的意义，然而，四个句子的用词、句式却不相同。其中，"小明真聪明""小明脑瓜子真灵""小明脑子转得快"三个句子，除了用词不同，均属于肯定句式，第二个句子"小明可不笨"则属于否定句式。

除了上例中的肯定句式和否定句式之外，长句和短句、整句和散句、主动句和被动句等句式，均可以构成同义关系。

又如：

妈妈一手牵着小明，一手拎着篮子——妈妈一手牵着小明，另一只手也没闲着，一只竹篮被妈妈拎在手上。

这两句话中的第一句话属于主动句，妈妈是句子中唯一的主语，也是动作的施事者；第二句话则属于主动句和被动句的结合，前一句是主动句，后一句则是被动句。第二句话使用主动句和被动句结合的方式，强调了"一只竹篮被妈妈拎在手上"。

在言语行为活动中，表达者应当结合具体语境选择适当的句式，以取得良好的表达效果。

（2）设问句的选用

设问句是一种明知故问的修辞方法，具有特定的语气和较强的语势。在汉语表达中，根据语境恰当地选择和使用设问句能够达到增强语言表达效果的目的。

以下句为例：

我们每天努力工作是为了什么？是为了实现作为人的价值。那么，个人的价值体现在哪里？体现在个人对社会的贡献，也体现在个人自我价值的实现方面。

上面这个例句中，通过两个设问句，以层层递进的方式，回答了"每天努力工作的原因"，在表达了说话者的观点后，还能够引导听话者进行深入思考，从而给人以鲜明而深刻的感受。

又以下句为例：

为什么说读书可以明理？一本好书中凝结着作者独特的人生经验和人生思考，阅读一本好书，如同与一位智者交谈，可以从这位智者处学习一定的人生经验和人生道理。

这个例子中，使用设问句，以明知故问的方式表达，对"读书可以明理"的原因进行了阐释。

（3）反问句的选用

反问句是一种用疑问语气表示确定意思的句式。反问句不同于设问句的自问自答，也不要求别人回答，而是一种答案包含在问句之中的句式，在言语行为活动中，反问句式具有增强表达语气，提升修辞效果的作用。

以下句为例：

人生如同攀登，难道在人生路上，凭借着崇高的理想、豪迈的气概、乐观的精神，克服重重困难，向上攀登的过程不是一种精神上的享受吗？

这句话运用反问句式，其所表达的意义"人生路上，凭借着崇高的理想、豪迈的气概、乐观的精神，克服重重困难，向上攀登的过程是一种精神上的享受"这一肯定句式所表达的含义相同，然而较肯定句式更加具有强调的效果，表达了说话者强烈的情感。

又以下句为例：

A. 冬天来了，春天也不远了。

B. 冬天来了，春天还会远吗？

上面例句中的 AB 两句所表达的意思完全相同，其中 A 句使用了肯定句式，B 句则使用了否定句式，与 A 句相比，B 句作为反问句式所表达的情感更加鲜明和强烈，更加令人深思。

（4）名言警句的选用

汉语中存在大量言简意赅的句子，称为名言警句。名言警句是伴随着社会和语言的发展而形成的，其典型的表现是句子的结构相对简单，但所表达的意思却十分丰富，富有较强的哲理性。

以下句为例：

海内存知己，天涯若比邻。友谊就像一条纽带，把人心相连在一起。友谊就像一座桥，让相隔千山万水的人，心连着心。

这一句子的开头使用了古诗"海内存知己，天涯若比邻"，这句诗出自唐代王勃的《送杜少府之任蜀州》，是描写友谊的名言警句。使用这个句子开头，不仅能够起到开篇名义的作用，还能够给人以深切的印象和感受。

除了用在句子开头之外，名言警句还应可以用在句子的其他部分。

例如：成功的道路上离不开坚持，俗话说，锲而不舍，金石可镂。每个人都有伟大的理想，但只有在现实中一步步坚定地朝着理想迈步，才能最终实现理想。

上面这个例子中的"锲而不舍，金石可镂"出自荀况的《劝学篇》，属于名言警句范畴，位于句中，起着承上启下的作用，具有较强的哲理性。

2. 句式的加工和调整

除了句式的选择之外，句式的加工和调整也是句用修辞的重要方法。好的句子具有连贯、周密、简练、新鲜的特点。句式的加工和调整也从这几个方面体现出来。

（1）句子要连贯

在言语行为活动中，无论是口头言语表达，还是书面言语表达均需要一句一句地表达，先说什么，后说什么，前后句之间需要存在一定的逻辑关系，并且连贯畅通。句子连贯需要从实际语境出发，通过适当增加一些关联词语，或者调整句子句式，改变句子语序等方法实现。

1）增加或去掉关联词语

增加或去掉关联词语是指前后句之间存在明确的因果、并列、递进等关系时，可以结合具体语境，通过增加或去掉关联词语的方式，使句子之间的关系更加连贯。

例如：今天下雨，小明不去爬山。——因为今天下雨，所以小明不去爬山。

这个例子的前后两句话的区别在于后一句话中加了表示因果关系的关联词语"因为……所以……"。这两句话的区别不大，可以结合具体的语境使用。

又如：这道菜色香味俱全，好看、好吃。——这道菜色香味俱全，好看更好吃。

这个例子中的两句话的区别在于后者仅加了一个"更"字，使"好看""好吃"之间的递进关系更加鲜明。

2）调整句子句式

句子句式可以进行必要的调整，以使语言表达更加连贯。

例句一：这个办公室的正面不远处对着一座高楼，虽然有着大大的窗户，但是白天屋里也显得阴暗。

例句二：这个办公室窗外正对着一座高楼，光线被遮住了，屋里显得十分阴暗。

这两个例句中的例句一，使用了转折句式，强调了即使窗户很大，白天的屋里也显得阴暗。例句二与例句一所表达的含义完全相同，表达侧重点却不同，强调了光线被遮挡的事实，与例句一相比，例句二的句式更加简单，显得更加顺畅。

3）改变句子语序

句子语序，即是指在同一语境中，句子与句子之间的先后顺序，在特定的语境中，通过改变句子语序，可以使句子的逻辑更加连贯。

例句一：锲而不舍，金石可镂；锲而舍之，朽木不折。

这句话将是一个并列对比句，前一句写"锲而不舍"的后果，后一句写"锲而舍之"的后果，通过对比的语句，引导人们明白坚持的价值。

例句二：锲而舍之，朽木不折；锲而不舍，金石可镂。

与例句一相比，例句二的前后语序发生了变化，前一句写"锲而舍之"的后果，后一句则写"锲而不舍"的后果，其意思仍然是通过对比，让人们明白坚持的价值，培养人们的坚持精神。然而从效果上来看，例句二调整句子语序后，更加突出了"锲而不舍"的可贵，能够起到强化语气，使句子语意更加鲜明。

除以上几个方面之外，在句子表达中使用对偶、排比、层递、顶真、回环等修辞方式也可以使句子的连贯性更强。

（2）句子要周密

言语行为活动中，语言表达是否准确和周密与人们的思想认识水平和逻辑思维方法之间存在直接联系，精准地表达与周密的句子之间存在直接关系。善于表达的人们常使用限制性语句，通过限制表达的范围，反映客观事物，表达周密的思想。

例如，小朋友不是哭就是闹。

这句话的主语"小朋友"是一个集合概念，其所表达的范畴十分广泛，可以包括学龄前，甚至学龄后年龄不大的孩子；此外，"小朋友"一词还与说话者的主观思想有关。如果说话者是成年人，那么有可能在其看来，未成年人都属于小朋友的范畴。因此，这句话中使用"不是哭，就是闹"来概括所有小朋友显然不太周密，易出现表达偏颇。而在这个句子中加上一个限定条件，则会使句子更加周密。

例如改为：在小明看来，3 岁以下的小朋友不是哭，就是闹。

修改后的句子加了两个限定条件"在小明看来""3 岁以下"，其中，"在小明看来"表明句子中的观点是小明的个人观点，不代表其他人的观点。"3 岁以下"则将所有年龄阶段的小朋友限制在 3 岁以下的范围内。与原句相比，修改后的句子具有更强的严密性。

（3）句子要简练

言语行为活动中应当使用简洁的语言表达丰富而深刻的内容。对句子进行精练，具体表现为，用语精准，不说废话，以及使用成语。

1）用语精准，不说废话

在言语行为活动中，用语精准，不说废话，可以使交际对象，准确地了解说话者所表达的核心意思，并对此做出相应的反应。相反，如果在表达中，说话者的用语不精准，且废话太多，则听话者就易曲解说话者的意思，从而做出错误的反应。

以下句为例。

例如，小明给妈妈打电话说：最近工作实在是太忙了，每天都加班到晚上十点，第二点必须早上六点半起床才行，太累了。

妈妈听后说：实在不行，就回家来吧，重新找一份轻松的工作。

小明听后十分郁闷，他的工作好不容易才有了一点起色，打电话只是想寻求妈妈的安慰，却并不愿意放弃自己努力打拼的事业。

这个例子中的小明在与妈妈沟通时的用语就不太精准，没有从自己的表达目的出发，所说的话语多为与表达目的不相干的语言，所以导致了妈妈的误解。

2）使用成语

汉语成语是汉语中具有高度概括性的语言，具有言简意赅的效果。

以下句为例：

例句一：有的同学在学习上取得了一点进步就会松懈下来，导致成绩忽上忽下。

例句二：有的同学在学习上容易骄傲自满，导致成绩忽上忽下。

这两个句子表达的意思完全相同，不同之处在于第二句中使用了成语"骄傲自满"使得句子的表达更加简洁、精练。

（4）句子要新鲜

句子的"新鲜"在这里指句子意思的表达要不落俗套，推陈出新，打破常规。具体可以使用名家名句、仿造、调整句子音节等方式使句子的表达呈现出新颖特色。

例如，不要被生活琐事消磨了意志，一定要怀抱希望。俗话说，梦想一定要有的，万一实现了呢。只有怀抱希望，才能朝着更高更好的生活努力。

这句话中的"梦想一定要有的，万一实现了呢"属于新流行的俏皮语，用在句子中显得较为新颖。

例如，不经历困难，怎么见成功。

这句话根据"不经历风雨，怎么见彩虹"仿写而成，在特定的语境中，将"风雨""彩虹"改为"困难""成功"，具有较强的趣味性，能够引起读者的阅读兴趣。

此外，言语行为表达中，可以通过调整句子音节的方式增加表达的新鲜感。汉语属于音形义一体的语言，调整句子音节有助于提升句子的音乐感和节奏感，从而达到新鲜的表达效果。

例如，春天的公园，绿柳成荫，繁花盛开，蜂蝶成舞，热闹非凡。

这句话中，通过多组朗朗上口的四字词语，表现了春天公园的美景。

除了以上几个方法之外，还可以借助比喻等修辞手法，增加句子的新鲜感。

二、句用修辞逻辑及其表达

汉语的句用修辞应当遵循逻辑思维的同一律、矛盾律和排中律。

（一）在具体语境中句用修辞应当遵循同一律

句用修辞在具体语境中的表达应当遵循同一律，句用修辞在语境中违反同一律主要表现在句式杂糅、句子成分错位等方面。

1. 句式杂糅导致句用修辞违反同一律

句式杂糅是指在言语行为活动中，由于说话者思路不清、犹豫不决造成的句子结构前后牵连、纠缠不清的现象。

例如，小明下决心要做好一个受同学们认可的班长工作。

这句话即属于句式杂糅，说话人想表达的意思是"小明下决心要做一个受同学们认可的班长"或"小明下决心要做好班长工作"然而在表达中，将两种句式混合杂糅在一起，造成了句式表达违反了逻辑思维的同一律。

2. 句子成分错位导致句用修辞违反同一律

句子成分错位指在言语行为活动中，句子的构成成分产生了错位，而在缺乏合理语境的支撑下，会造成句子的逻辑错误，违反逻辑思维同一律。

例如，这本小说写得不错，对读者很有兴趣。

这句话出现了主语和状语成分错位，导致句子的主语与其他成分之间产生了错位，从而致使整个句子的逻辑产生错误。这个例句如果修改为"这本小说写得不错，读者对其很有兴趣"整个句子的逻辑顺序就会通顺。而句子成分错位，导致的句子主语与其他部分之间的错位，违反了同一律。

又如，在抗洪抢险活动中，经过长达两天一夜的不断奋斗，同志们奋不顾身地跳进汹涌澎湃的激流中，最终保住了大坝，战胜了洪水。

这一例句属于复句，各分句之前存在顺承关系。在叙述同一件事时，应当按照事件发生的前后顺序进行表达，否则就会由于句子成分错位，而导致表述不清，出现逻辑错误。

这一例句的正确顺序应当是：在抗洪抢险活动中，同志们奋不顾身地跳进汹涌澎湃的激流中，经过长达两天一夜的不断奋斗，最终战胜了洪水，保住了大坝。

（二）在具体语境中句用修辞应当遵循矛盾律

句用修辞在具体语境中应当遵守矛盾律，句用修辞在语境中违反矛盾律主要表现在句子表达不连贯方面。

例如：

这项工作对实践性要求较高，我们团队成员都缺乏相关方面的实践经验，老王是我们几个人中经验最丰富的，但是也没有相关理论或实践经验。不过，我们团队有信心在规定时间内完成这个任务。

这个例句的开头明确指出了这项工作的实践性较高，同时表明该团队成员不具备完成这项工作应有的素质。然而，例句的结尾却做出了能够按时完成任务的结论。整个例句的推理部分和结论部分的表达逻辑不连贯，违反了逻辑思维的矛盾律。

又如：

这份教材只适用于中小学教育工作者，不适用于中小学行政人员。

这一例句中的"中小学教育工作者"和"中小学行政人员"两个短语之前是属种关系，其中，"中小学教育工作者"包含"中小学行政人员"，属于由于句子表述的范围不清导致句子的前后逻辑矛盾，违反了逻辑思维的同一律。

（三）在具体语境中句用修辞应当遵循排中律

句用修辞在具体语境中应当遵守排中律，句用修辞逻辑在语境中违反排中律主要表现在句子不简练、啰嗦、冗长等方面。

句用修辞要求句子的表达应当简洁、精练，不啰嗦，然而在具体语境中存在一些表达啰嗦造成的。

以下句为例：

在一次古典文学名著《西游记》的讨论会上，出现了两种相互矛盾的观点，一种观点认为《西游记》是一部杰出的古典文学名著；另一种观点认为《西游记》不能称得上是一部杰出的古典文学名著。主持人最后表态说：我不同意第一种意见，也不同意第二种意见，我认为这两种观点都有待商榷。

在这个例子中，与会讨论者提出了两种相互矛盾的观点，这两种相互矛盾的观点在选择时具有排他性，如果选择了其中一种，就必须反对另一种。而主持人想表达的意思是这两种观点都有待商榷，然而在具体表达时，由于表达啰嗦，提出既不同意第一种意见，也不同意第二种意见，违反了排中律。

第三节　篇章修辞逻辑在语境中的表达

篇章，即一篇首尾完整的文章，是书面语言表达的最大使用单位。篇章所表达的是一个完整的意思。本节主要对篇章修辞、篇章修辞逻辑在语境中的表达进行分析。

一、篇章修辞

汉语篇章修辞主要包括结构上的章法修辞和技巧上的技法修辞两种类型。

（一）汉语篇章的章法修辞

汉语篇章写作时，应当确立主题，并围绕主题进行选材、组织内容和安排结构。汉语篇章的章法修辞即研究篇章的具体组织。

1. 标题的选择

标题是篇章的重要组成部分，也是篇章之"眼"。一个好的标题对于篇章来说，如同画龙点睛般重要。拟定标题时应当掌握简练、贴切、新颖、深刻的原则。

标题在篇章中的重要作用是点明主题并吸引读者的注意，且标题通常有字数限制，简洁明了的标题远比啰嗦的标题更受读者欢迎。

标题的拟定并非是盲目的，而是需要反映篇章的主题和中心思想，因此标题的拟定必须贴切，否则就会造成文不对题的错误。

标题作为篇章之"眼"，为了吸引读者，标题应当尽量新颖。在拟定标题时可以使用多种修辞手段以增强标题的新颖度。

标题在一定程度上反映着写作者的水平，越是寓意深邃的标题，越耐人寻味，从而激发读者的阅读兴趣。

2. 结构的安排

篇章是由一个个句子按照一定顺序组合而成的，逻辑清晰的篇章结构应当长短适宜、繁简合理，层次清晰，逻辑紧密。

汉语篇章结构主要可划分为三段式结构、四段式结构、六段式结构等几种类型。其中，三段式结构主要由前言、正文、结尾三部分构成；四段式结构主要由起—承—转—合四部分构成；六段式结构主要由序幕—开端—发展—高潮—结局—尾声六部分构成。

除此之外，根据篇章各部分之间的内部联络关系，汉语篇章还可以划分为纵式结构、横式结构、纵横交错式结构、递进式结构、总分式结构、对比式结构、因果式结构。根据不同结构，汉语篇章在表达中应当遵循相应的表达技巧。

3. 开头与结尾

篇章的开头和结尾是篇章结构的重要组成部分。其中篇章开头是指组织篇章的起始部分，篇章开头的好坏，直接关系着整篇文章的成败。一个良好的篇章开头能够引发读者强烈的阅读兴趣。一般而言，篇章的开头应具有提示篇章主要内容的作用，篇章开头的类型主要包括直接式开头、迂回式开头、提要式开头、设问式开头、引用式开头、对话式开头、对比式开头、悬念式开头、抒情式开头等。

篇章的结尾是指篇章的结束语部分，篇章的结尾既是篇章内容发展的自然结果，也是篇章内容的总结和升华。良好的篇章结尾能够深化主题，增强篇章的感染力，对读者进行启发和教益。

篇章结尾方式主要包括总结式结尾、点题式结尾、自然收束式结尾、戛然而止式结尾、引用式结尾、提问式结尾、抒情式结尾等类型。

4. 衔接与照应

篇章的开头、内容与结尾部分，以及篇章的各段落之间均应当以一定的话语进行衔接与照应。

衔接指篇章的段与段之间的连接，如果段与段之间的联系较为紧密，则可以使用关联词语进行连接；如果段与段之间的联系较不明显，则需要借助承上启下的语句或段落进行连接。一个完整的篇章，其段与段之间应当进行巧妙衔接和自然过渡，以保障篇章内部的结构顺承，逻辑清晰。

一般而言，篇章的衔接可以划分为顺接、转接两种类型。无论是顺接还是转接均需要借助关联词或句子、段落、修辞格等进行衔接。

照应是使篇章逻辑和结构更加严密的重要方法，篇章的各段落之间应当相互照应。前面的内容应当作为在后面有着落，后面的内容应当在前面有交代，否则如果篇章的前后不能照应，则篇章就会出现前后不衔接，情节突兀，不好理解等情况。篇章照应可以划分为文题照应、前后照应、首尾照应三种类型。

（二）汉语篇章的技法修辞

汉语篇章的技法修辞是指文章使用语言表情达意、叙事说理的基本方法，要求写人记事具体生动，状物绘景形象鲜明，议论抒情深刻真切，说明事理准确清楚。

1. 汉语篇章修辞的主要技法

汉语篇章修辞的主要技法包括叙述、描写、铺垫、衬托、对比、点睛。

（1）叙述

叙述是对事件、人物和环境做概括性的或具体的说明与交代。叙述一般多在记叙文中应用，按照叙述的顺序，可以划分为顺叙、倒叙、插叙三种类型。其中顺叙是按照事件的发生、发展、高潮和结局的过程进行叙述；倒叙则是将事件发生的正常顺序进行调整后，将其结果或高潮提前叙述的方式；插叙则是指在一段叙述中插入另一段叙述。

（2）描写

描写是指使用准确、详尽和细致的语言对的事物进行的客观描绘，反映和表现事物的特征。根据描写对象，可以将描写划分为人物描写、景物描写、事件描写、环境描写等类型。

（3）铺垫

铺垫是指在篇章叙述中，当主要人物出场或主要事件发生之前，对人物的出场和事件的发生创造条件的描述或渲染。

从铺垫的类型来看，可以划分为伏笔铺垫、悬念铺垫、衬托铺垫、铺陈铺垫。

（4）衬托

衬托是指利用事物与事物之间或相类、或相似、或相对、或相反的关系，将两种事物同时列出进行对照、对比、烘托，从而使其中一种事物更加突出的方法。根据衬托的方法可以划分为正衬、反衬、对衬三种类型。

（5）对比

对比是指将两种存在矛盾或相互对立的事物或同一事物的两个不同方面进行对照和比较，以收到语意鲜明的表达效果。对比包括人物对比、事件对比、景物对比、数量对比、情境对比。

（6）点睛

点睛是指将文章的主旨要义，以简约和传神的语言点出以达到提挈全篇的作用。点睛具体可以划分为篇首点睛、篇中点睛和篇末点睛三种类型。

2. 汉语篇章修辞技法的特点

汉语篇章修辞技法的主要特点包括全局性、综合性、灵活性。

（1）汉语篇章修辞技法的全局性特点

汉语篇章修辞技法的目的是提高篇章整体的修辞效果，往往跨越多个篇章，对整个篇章的成败起着决定性作用。

例如，伏笔铺垫。铺垫作为一种汉语篇章修辞技法，对篇章整体结构的完整性、连贯性起着重要作用。尤其是在小说等文艺作品中，伏笔铺垫可以使得曲折的情节更加顺畅，更加具有可信度和说服力。

（2）汉语篇章修辞技法的综合性特点

汉语篇章中为了达到某种修辞效果，通常需要在篇章的段、篇等高层次语言单位中利用语音、词汇、句法、辞格等多层面修辞手段。

（3）汉语篇章修辞技法的灵活性特点

汉语篇章修辞技法的运用范围较为灵活，可以在句群中使用，也可以整个篇章中使用。

二、篇章修辞逻辑及表达

汉语篇章修辞应当遵循逻辑思维的同一律、矛盾律和排中律。

（一）在具体语境中篇章修辞应当遵循同一律

篇章修辞应当遵循逻辑思维的同一律，具体来说，在具体语境中，篇章的标题与内容之间、中心思想与话语表达之间均应当遵循同一律。

以篇章的标题为例。

篇章的总标题只有一个，而各段落或章节的小标题却可以存在多个。小标题通常是各段落或章节的中心思想，总标题与各小标题所论述的内容应当遵循同一律。同一段落或章节的各标题之间也应当遵循同一律。

例如，某篇章的大标题是"小明的桌子"小标题分别是"小明的第一张餐桌""小明的第一张学习桌""小明的红色凳子""小明的第一张办公桌"，从逻辑思维的视角来看，该篇章所论述的重点是"小明的桌子"各小标题也应当围绕"小明的桌子"进行，其中，"小明的红色凳子"显然不属于桌子，结合篇章大标题和各小标题来看，"小明的红色凳子"显然不适合作为小标题，如果将其作为小标题，则违反了逻辑思维的同一律。

再以篇章的铺垫为例。

铺垫作为篇章修辞技法之一，能够对人物或事件起到渲染的作用，激发读者对即将出场人物或事件的兴趣。铺垫的话语应当与即将出场的人物的行为或事件的特点相一致，而不能相互背离。

例如，小明是同学们口中的好班长，老师眼中的优秀干部，家长心中的良好少年。星期一早上，眼看要迟到了，小明终于挤上了一班公交车，公交车即将启动时，小明听到远远传来"等一下……请等一下……"的声音，透过车窗一看，原来是同班同学小毛。但是小明并没有提醒司机还有人没上车，反而催促司机赶快开车，上学要迟到了，还得意洋洋地对着赶车的小毛做鬼脸。

这段话中，在小明出场之前，对其进行了铺垫，使读者形成了小明是一位品学兼优的少年的印象，然而小明出场后的行为却与铺垫内容正好相反，违反了同一律原则。

（二）语境中篇章修辞应当遵循矛盾律

篇章修辞应当遵循逻辑思维的矛盾律，在具体语境中，篇章中所提到的时间、范围，以及篇章照应易违反矛盾律。

以篇章的时间为例。

同一篇章中的时间应当按照同一种计时方法，篇章前后的时间应当与事件发生的顺序保持一致，避免出现篇章内容前后时间矛盾，否则即容易违反矛盾律。

例如，根据与甲方的合同约定，小明所在的公司应当在 8 月 15 日（星期三）之前完成所有项目，并于 8 月 15 日由甲方验收项目成果。为了激励团队成员在约定时间顺利完成项目，小明提出在项目完成后的 8 月 13 日召开庆祝活动。

这段话中出现了两个时间，即 8 月 15 日和 8 月 13 日，8 月 15 日为项目完成并验收的时间，说明只有 8 月 15 日之后，项目才能顺利完工并交付甲方。而后面却出现了"在项目完成后的 8 月 13 日"这一时间与前文提到的项目完成的时间不符，违反了逻辑思维的矛盾律。

以篇章的范围为例。

同一篇章中所以提到的同一时间的人物活动范围或同一条件下事件的发生和发展的地点必须相一致。如果在同一时间内，人物既出现在 A 地点，又出现在 B 地点，则违反了逻辑思维的矛盾律。

以篇章的前后照应为例。

照应是篇章修辞的重要内容，照应要求篇章各部分应当保持连贯性，篇章前文和后文的内容应当保持一致。

例如：以下地点禁止燃放烟花爆竹：1. 生产经营和储存易燃易爆物品的车间和仓库；2. 国家机关和军事禁止与军事管制区；3. 文物保护单位；4. 幼儿园、养老院、医院等场所；5. 铁路沿线禁止燃放升空 50 米以上的烟花。

这个例子中，开头标明"以下地点禁止燃放烟花爆竹"，其中第五条又指出："铁路沿线禁止燃放升空 50 米以上的烟花"两者所表达的意思呈现出矛盾性，违反了逻辑思维的矛盾律。

（三）语境中篇章修辞应当遵循排中律

篇章修辞应当遵循逻辑思维的排中律，在具体语境中，篇章修辞违反排中律多体现在对比等篇章修辞技法方面。

一般而言，在篇章中使用对比等修辞技法，可以将两个人物或两种事物进行对比，以突出两者之一。

例如：

周末下午，小明和几个小伙伴在讨论春天和夏天哪个季节更美好，每个小伙伴都只能选一个季节。

小明说：春天美好，春天各种花朵都开了，天气不冷也不热。

小刚说：夏天美好，夏天不管陆地上还是水上的花朵都开了，天气虽然热，但是可以游泳。

小明和小刚争执不下，一起问小毛，小毛挠了半天头说，春天美好，夏天也美好。

这个例子中使用了对比修辞技法，将春天和夏天进行比较，在得出结论时，从逻辑思维的视角来看，小毛的答案违反了排中律。

综上所述，篇章修辞在具体语境中使用时，应当遵循一定的逻辑，尤其应当遵守逻辑思维的同一律、矛盾律和排中律，避免出现违反逻辑思维"三律"的情况。

参考文献

[1] 王冬竹. 语境与话语 [M]. 哈尔滨：黑龙江人民出版社，2004.

[2] 刘江. 逻辑学推理和论证 [M]. 广州：华南理工大学出版社，2010.

[3] 李峰. 逻辑与语言表达 [M]. 北京：中国传媒大学出版社，2013.

[4] 李波，王馨雪. 语用学视角下的言语行为理论与教学研究 [M]. 北京：新华出版社，2015.

[5] 程文华. 英汉修辞比较理论与实践 [M]. 青岛：中国海洋大学出版社，2017.

[6] 李美华. 科学篇章中相邻语义段间的逻辑衔接 [J]. 解放军外国语学院学报，2002（04）：37-40.

[7] 聂莉娜. 逻辑语境与修辞语境的功能区别 [J]. 南通大学学报（社会科学版），2005（03）：82-85.

[8] 顾祖钊. 论文学语言的诗意逻辑 [J]. 文艺理论研究，2006（01）：48-58.

[9] 边利丰. 论文学语言的诗性逻辑 [J]. 内蒙古师范大学学报（哲学社会科学版），2006（01）：109-113.

[10] 苏婷. 诗意逻辑下的文学语言生成过程 [J]. 江西广播电视大学学报，2008（02）：27-29.

[11] 邓伟. 语言地方主义的悖论——论 20 世纪中国文学方言建构的内在逻辑 [J]. 云南师范大学学报（哲学社会科学版），2008（02）：136-140.

[12] 闫芳. 语言错位与余华的幽默语言艺术 [J]. 中国校外教育，2009

（11）：91-92.

[13] 李艳霞.《狼毒花》人物语言的逻辑力量[J]. 电影文学,2009(21)：120-121.

[14] 文健. 现代汉语句类功能的语用逻辑分析［J］. 昆明学院学报,2015,37（05）：71-74.

[15] 董国珍. 语境和词频对汉语词类歧义词歧义消解的影响［D］. 云南师范大学,2003.

[16] 李华. 修辞中的"真"与"美"［D］. 曲阜师范大学,2003.

[17] 付宁. 现代汉语语境的制约功能研究［D］. 曲阜师范大学,2006.

[18] 张廷远. 词的语用意义研究［D］. 华中师范大学,2007.

[19] 彭振川. 现代汉语假设句的认知语用研究［D］. 浙江大学,2009.

[20] 张勇. 现代汉语名、形、动词类活用情况考察［D］. 首都师范大学,2009.

[21] 唐薇薇. 汉语连词的非连词用法研究［D］. 广西民族大学,2010.

[22] 侯涛. 谈语境与对外汉语教学过程交际化［D］. 华中师范大学,2011.

[23] 曹庆慧. 汉语语境称赞应答研究［D］. 辽宁师范大学,2011.

[24] 杨一飞. 语篇中的连接手段［D］. 复旦大学,2011.

[25] 李雪飞. 现代汉语篇章逻辑研究［D］. 燕山大学,2012.

[26] 徐永. 叙事语篇研究的修辞视角［D］. 上海外国语大学,2014.

[27] 徐睿杰. 汉语修辞的逻辑分析［D］. 湘潭大学,2014.

[28] 李晴. 现代汉语转折表达的篇章、语用功能研究［D］. 上海师范大学,2014.

[29] 刘群. 现代汉语连词若干特殊类研究［D］. 武汉大学,2014.

[30] 桂涌祥. 新制度主义视角下的普通高校本科专业设置制度变迁研究［D］. 江苏师范大学,2014.

[31] 王昊. 现代汉语总分关系范畴研究［D］. 吉林大学,2016.

［32］ 奚雪峰. 汉语篇章话题结构：表示体系、资源构建及其分析研究［D］. 苏州大学，2017.

［33］ 李作贵. 言词证据的语用分析与逻辑构建［D］. 中南财经政法大学，2018.

［34］ 张伟. 语篇修辞视角下的老舍小说研究［D］. 福建师范大学，2018.

［35］ 庞海燕. 现代汉语比较类篇章连接成分研究［D］. 南京师范大学，2018.

［36］ 张荆欣.《河西走廊》解说词语篇研究［D］. 吉林大学，2019.

［37］ 悦连城. 新闻游戏的修辞研究［D］. 武汉大学，2019.

［38］ 付慧敏. 现代汉语新闻评论语篇的结构研究［D］. 吉林大学，2020.

［39］ 许慧慧. 定中式超常搭配的语义、语用研究［D］. 南京师范大学，2020.

［40］ 邸子桓. 现代汉语"不然"类关联词语的语义属性及功能研究［D］. 吉林大学，2021.

［41］ 邢雨青. 汉语篇章逻辑语义修辞结构分析研究［D］. 苏州大学，2021.

［42］ 文桂芳. 汉语关联副词的来源及演变研究［D］. 江西师范大学，2021.

［43］ 略谈语境在语义修辞逻辑分析中的作用［C］. 逻辑教学·知识创新·素质教育研讨会论文集，2001：313-320.